Paul Pressel

**Luther**

von Eisleben bis Wittenberg 1483-1517 - Chronik und Stammbuch

Paul Pressel

**Luther**
*von Eisleben bis Wittenberg 1483-1517 - Chronik und Stammbuch*

ISBN/EAN: 9783743633728

Hergestellt in Europa, USA, Kanada, Australien, Japan

Cover: Foto ©ninafisch / pixelio.de

Weitere Bücher finden Sie auf **www.hansebooks.com**

# Luther

## Von Eisleben bis Wittenberg

## 1483—1517

### Chronik und Stammbuch

von

## Paul Pressel.

Dekan in Ulm a. D.

———— ❧●❧ ————

Stuttgart.

E. Greiner'sche Verlagsbuchhandlung

Greiner & Pfeiffer.

1883.

# Vorwort.

---

Unser Büchlein baut sich folgendermaßen.

Die Chronik hat ihren Text in erster Linie den Predig=
ten des Pfarrers Johann Mathesius (gehalten zu Joachimsthal
1562—1564) entnommen und nachgebildet. Im Stammbuche
sind Aeußerungen des Reformators über sich selbst niedergelegt
und möchten einem denkenden Leser den Stoff liefern, an dem
er sich ein eigenes Urtheil über den bald vielgesegneten, bald
vielverwünschten Mann bilden kann. Die Bemerkungen ergän=
zenden und erörtenden Inhalts, welche sich anreihen, geben aus
Melanchthons Abriß das Betreffende (so daß die beiden ältesten
und bewährtesten Biographen Luthers miteinander zum Worte
kommen), und schöpfen aus der ältern wie neuern Literatur, vor=
züglich aus deren bedeutendster Leistung, Dr. Julius Köstlins
Werk, das Geeignete. Die Reimereien, welche sich nach der
Chronisten herkömmlicher Art oder Unart eingeschmuggelt haben,
wolle man mitnehmen oder hinauswerfen.

Alm, 29. Juni 1883.

P. P.

# 1483.

Heute, am Abend vor Sanct Martini, welcher war der zehente November, nach unsres Heilands Christi Geburt im 1483. Jahr, ist Martinus Luther, der theure, große, deutsche Prophet, unter den Grafen v. Mansfeld zu Eisleben am Harz von Hansen Luther, einem Bergmann, und Margareten, Luthers Hausfrauen, geboren und nächsten Tages in St. Peters Kirchen, im Namen der heiligen Dreifaltigkeit, christlich getauft und Martinus ge= nannt — eben in dem Jahr, da der selige Märtyrer Hieronymus Savanorola von wegen Bekenntniß der christlichen Wahrheit zu Florenz verbrannt worden ist.

Lasset uns danken dem obersten Haupte der Christenheit, so dies auserwählt Werkzeug an diesem Tag erwecket, Sein Volk aus der babylonischen Gefängniß auszuführen, Sein Evangelium auf den Leuchter zu stellen, den Artikel von der wahren Buße, dem seligmachenden Glauben, den guten Werken, dem rechten Brauch der heiligen Sakramente, dem Ehestand und Obrigkeit wieder auf die Kanzeln, in die Häuser und Herzen zu bringen!

„Ich bin zu Eisleben geboren und in der Kirche St. Petri getauft worden. Hieher waren meine Eltern aus der Nähe von Eisenach (Möhra) gezogen.“

„Ich bin eines Bauern Sohn. Mein Vater, Großvater, Ahn= herrn sind rechte Bauern gewest.“

**Melanchthon:** Es hatte uns der ehrwürdige Mann Martin Luther vertröstet, er wollte sowohl seinen Lebenslauf, als die Veran= lassung seiner Kämpfe selbst aufsetzen und berichten. Welches er auch gethan hätte, wenn er nicht aus dieser Sterblichkeit zur ewigen Ge= meinschaft Gottes und der Kirchen im Himmel abgerufen worden wäre. Jetzt muß man mit dem vorlieb nehmen, was wir nach seinen mündlichen Erzählungen und nach unserm Augenschein der Wahrheit gemäß berichten können. — Es ist eine alte, weit ausgebreitete Familie des mittlern Standes, die Luther heißt, in der Herrschaft der hochgeborenen Grafen von Mansfeld. Zuerst haben die Eltern in Eisleben, wo Martin Luther geboren ist, gewohnt. Wenn ich den Vater öfters fragte, wann ihm sein Sohn geboren sei, gab er mir zur Antwort, er wisse das Jahr nicht genau, wohl aber Tag und Stunde, nemlich den 10. November Nachts 11 Uhr, und sei das Kind Martin genannt worden, weil der nächste Tag, an dem es durch die Taufe der Kirche Christi einverleibt worden, Martino gewidmet gewesen. Der Bruder Jacob aber, ein redlicher, ehrbarer Mann, sagte mir, seine Familie hätte beständig von Martins Alter dafür gehalten, daß er im Jahr Christi 1483 geboren worden.

Schandlügen der Papisten. So viel nun die Ankunft des seligen Mannes belangen thut, geben unsre Widersacher im Papstthum für, er sei vom Teufel zu Wittenberg mit einer Zauberin gezeuget und allda geboren worden. Wie der Roßlöffel Cochläus, auch ein Professor zu Paris Benedictus Gerebrardus, in ihren Chronologiis unverschämt in offenem Druck schreiben. Johannes Wierus auch in seinem dritten Buch de lamiis schreibet unverhohlen, er habe für gewiß aus eines fürnehmen Bischofs Munde gehöret, daß der Teufel in eines Kaufmanns oder Juweliers Gestalt einmal gen Wittenberg kommen zu einem Bürger und ihn um Herberg angesprochen, weil er in gemeinen, offenen Herbergen seine köstlichen theuren Waaren nicht sicher haben oder auslegen dürfte. Derselbe Bürger habe nun eine Tochter gehabt, die der Juwelier durch freundliche Wort und Geberde, auch durch allerlei Geschenk, dahin gebracht, daß sie mit ihm in Unehren zugehalten. Der Perlenkrämer sei dann so bald verschwunden und nirgends mehr gesehen worden. Das Mägdlein habe von Tag zu Tag zugenommen und da sie gebären sollte, habe sie solche Zeichen an den Tag gegeben, daß man daraus spüren konnte, sie sei nicht von einem Menschen, sondern vom Teufel selbst geschwängert worden. Leib und Seel erschrickt mir, wenn ich diese Schandlügen des Satans nachrede. Da erscheint ja an ihm, was Christus Joh. 8 sagt: Der Teufel ist ein Lügner von Anfang. Da siehet man, wie spinnenfeind er Luther gewesen, weil er solche greulichen Unwahrheiten ausgesprengt hat. Weil er aber Christi selber nicht geschonet, und von Seiner Geburt aus Maria allerlei erschreckliche, greuliche Sachen fürgebracht, die ich Scheu trage, vor geistlichen Ohren zu wiederholen, was sollte er sich scheuen, von diesem Mann dicke Unwahrheiten auszuwerfen? — Wir wissen Gottlob viel einen andern Bericht hievon: daß nemlich Lutherus nicht zu Wittenberg, sondern in der gräflich Mansfeldischen berühmten Stadt Eisleben, nicht in der Unehe, sondern in einem keuschen Ehebett, nicht von einem Juweliere, sondern von einem Bürger und Bergmann, mit Namen Hans Luther und seinem Eheweib Margareta gezeuget und am Abend vor Martini, anno Christi 1483, um 11 Uhr Mitternacht geboren und in der vierzehnten Stund hernach durch einen päpstlichen

Priester daselbst getauft worden, inmaßen der Pfaff, so ihn getaufet, solches selbst mit eigener Hand aufgeschrieben hat. In nächster Feuersbrunst auch zu Eisleben, da viel Häuser auf beiden Seiten weggebrannt, ist das Häuslein, darinen Lutherus geboren, wie ich und viele Andere mit Verwunderung gesehen, stehend geblieben. Derowegen zu wissen, daß Lutherus keines Teufels Zucht, keiner Vettel Frucht, sondern Gottes Geschöpf und ehrlicher Leut eheliches Kind gewesen sei.

(Sanctus Thaumasiander et triumphator Lutherus von Dr. Matthias Hoe von Hoenegg, Oberhofprediger in Dresden, 10 Predigten. Leipzig 1617).

Luthers Familie: Stammhaus in Möhra, Dorf in der Mitte Deutschlands, wo neben Ackerbau und Viehzucht nach Kupfererz in Schiefer gegraben wurde; deßgleichen im benachbarten Eisleben. Vergebliches, eitles Bemühen, die Luthers auf ein adeliges Geschlecht zurückzuführen; sie waren stets mittlere Leute. Noch unentschieden, ob die Mutter eine geborene Lindemann oder Ziegler gewesen, jedenfalls auch bürgerlicher Herkunft, aus Franken.

Luthers Namen: So geschrieben vom Reformator erst seit seiner Berufung nach Wittenberg, früher wechselnd: Lubher, Lüder, Leuder ꝛc. ꝛc. Ursprünglich Personennamen, wie Kaiser Lothar (Chlotachar, der lauten Klang im Heere hat). Vielfach gedeutet; feindlich: Lotter, Luber; freundlich: lauter, Läuterer, laut ꝛc.

> Welch eine Silbe seines Namens Mutter,
> Seis Lothar oder lauter oder laut —
> Ein Auge, das vom Glanz des Himmels thaut;
> Ein Mund, vor dessen Schall der Hölle graut;
> Ein Arm, der Lügenheere niederhaut
> Und Mauern für das Reich der Wahrheit baut;
> Ein Haupt, das, eines Kaisers, um sich schaut;
> Ein Herz, das, eines Kindes, offen, traut —
> Steht auf dem Plane Doctor Martin Luther.

Kurz hernach zog Hans Luther um ein Haus weiter, nach Mansfeld. Als hier seine Bergarbeit vom reichen Gott gesegnet ward und ihm zwei Feuer oder Schmelzöfen bescheeret worden, hat er sein getauftes Söhnlein in der Furcht Gottes mit Ehren von seinem wohlgewonnenen Berggut erzogen, und da es zu seinen vernünftigen Jahren kam, in die lateinische Schule mit herzlichem Gebet gehen lassen, wo dies Knäblein seine zehn Ge= bot, Kinderglauben, Vater=Unser, neben des Donats Kinder= grammatik und christlichen Gesängen, sein fleißig und schleunig erlernet. Was eine gute Nessel will werden, die brennet zeitlich.

„Mein Vater ist ein armer Bäuer gewest und nach Mansfeld gezogen. Die Mutter hat all ihr Holz auf dem Rücken eingetragen, damit sie uns erziehen könnte. Sie haben sichs lassen blutsauer werden. Jetzt würdens die Leute nicht mehr aushalten."

„Mein Vater stäupete mich einmal so sehr, daß ich ihn floh und ward ihm gram, bis er mich wieder zu sich gewöhnte. Die Mutter stäupte mich einmal um einer geringen Nuß willen, daß das Blut her=nach floß, und ihr ernstes, gestrenges Leben, das sie mit mir führten, das verursachte mich, daß ich hernach in ein Kloster lief und ein Mönch wurde. Sie meintens aber dennoch herzlich gut und konnten nur nicht die Ingenien (Gemüthsarten) unterscheiden, darnach man die Strafe ab=messen muß. Denn man muß also strafen, daß der Apfel bei der Ruthe sei."

„Mein alter guter Freund und späterer Schwager, Niclas Oemer, hat mich Pusillen und Kind auf seinen Armen in und aus der Schule getragen, mehr denn Einmal."

„Die Schulmeister waren dortmals Tyrannen und Henker, die Schulen Kerker und Höllen. Trotz Schlagen, Zittern, Jammern lernte man doch nichts Rechtes. Man hat mich einmal Vormittags fünfzehn=mal nach einander gestrichen, weil ich nicht aufsagen konnte, was mir nicht aufgegeben war. Beym Namen Christi mußt ich erschrecken, denn Er wurde mir nur als ein gestrenger, zorniger Richter vorgestellt und statt der großen Freude „Euch ist heute der Heiland geboren" predigte man immer nur das ewige Feuer."

„Obgleich Alles in der Kirche schmählich zugegangen, wie zu Eliä Zeit, wurde doch auch unter dem Papst aus Gottes Wundermacht Etliches erhalten, Vaterunser, Glauben, zehn Gebot, Psalter und seine Lieder, so man gesungen. Daher ich trotzdem die Kirche mein Vaterhaus nennen und seiner nicht vergessen will."

Melanchthon: Hernach sind Martins Eltern in die Stadt Mansfeld gezogen. Allhier verwaltete der Vater Hans Luther nicht allein Aemter, sondern ist auch wegen seiner Redlichkeit bey allen rechten Leuten geschätzt und beliebt gewesen. Die Mutter Margareta, Hans Luthers Eheliebste, hatte sowohl alle andern Tugenden an sich, die einer ehrsamen Frauen ziemen, als insonderheit einen großen Ruhm der Keuschheit, Gottesfurcht und Gebets und war sie allen ehrbaren Weibsbildern ein ächter Tugendspiegel. — Nachdem er zu den Jahren gekommen, daß er etwas fassen konnte, haben die Eltern Martinum zur Erkenntniß und Furcht Gottes und andern Pflichten zu Hause fleißig angewiesen, und hat ihn als ein Kind, um lesen zu lernen, des Georgii Aemilii Vater oft zur Schule getragen und derselbe kanns, weil er noch am Leben, bezeugen.

Elternhaus: nach und nach mit 7 Kindern bevölkert, aus dürftigen Verhältnissen zu ziemlichem Wohlstand gekommen. Der Vater Hans wurde Rathsherr in Mansfeld, um seiner Verständigkeit, Strebsamkeit, Rechtschaffenheit willen geachtet, zwar kirchlich gesinnt, aber nüchtern, unbefangen, zwar heftig, aber wohlwollend, gerade. — Donat ein Schulbuch des Mittelalters.

Erz grub der Vater aus der Erde Schacht,
Ein Bergmann hellen Kopfs, massiver Faust,
Gestreng und hitzig, wahr und ehrenfest;
Die Mutter hat in reiner, schlichter Tracht
Mit ernstem, frommem Sinn daheim gehaust —
Seht unserm Reformator nur ins Nest!

# 1497.

Wie der Knabe sodann in sein vierzehntes Jahr ging, hat ihn sein Vater mit Herrn Johann Reineck gen Magdeburg in die Schule gesandt, welche damals vor vielen andern weit be= rühmet. Allda gieng er wie manches ehrlichen Mannes Kind nach Brot und hat sein Panem propter Deum geschrieen. Was groß soll werden, muß klein angehen: der Herr siehet auf das Niedrige und richtet aus dem Staube den Geringen auf.

„In Magdeburg bin ich ein Jahr lang gewesen, es war in meinem vierzehnten Lebensjahre." —

„Da bin ich zu den Nullbrüdern in die Schule gegangen." —

„Da wir zu der Zeit, als in der Kirche das Fest von der Geburt Christi gehalten wird, auf den Dörfern von einem Hause zum andern umhergiengen und in vier Stimmen die gewöhnlichen Psalmen vom Kindlein Jesu, geboren zu Bethlehem zu singen pflegten, geschah es ohngefähr, daß wir vor eines Bauern Hof, so gar am Ende des Dorfes gelegen, kamen; und da uns der Bauer singen hörte, kam er heraus und fragte mit grober Stimme: woher seid ihr, Buben? Er brachte zugleich etliche Würste mit, die er uns geben wollte. Wir aber er= schraken vor den Worten sehr, daß wir alle von einander wegliefen, wiewohl wir keine rechte Ursach wußten, darum wir hätten erschrecken mögen, und der Bauer uns die Würste mit gutem geneigtem Willen darreichte und geben wollte, außer daß vielleicht unsere Herzen furcht= sam gewesen vom täglichen Dräuen und Tyrannei, so zu der Zeit die Schulmeister mit den armen Schülern zu treiben pflegten, so viel desto leichter von solchem plötzlichen Schrecken scheu geworden sind. Endlich aber, da wir in der Flucht waren, rief uns der Bauer wieder und wir legten die Furcht ab und liefen herzu und empfiengen die Parteken, so er uns reichete." —

Melanchthon: Es waren damals aber in Sachsen wenig berühmte Schulen, wo die Grammatica gelehret worden. Darum, als Martinus 14 Jahre alt worden, ist er mit Johann Reinecken, einem in diesen Landen sehr ansehnlich gewordenen Manne, nach Magdeburg geschickt worden und sind diese zwei, Martinus und Reineck, allezeit rechte Herzensfreunde gewesen. Doch ist Luther nicht über ein Jahr zu Magdeburg geblieben.

Martins Begleiter und lebenslänglicher Freund, Johann Reineck, war der Sohn des Bergvogts in Mansfeld und wurde später selbst ein höherer Beamter im Bergwesen.

Die Nullbrüder (Noll-, Loll-Brüder, Lollharten), eine Brüderschaft, welche sich neben praktischer, frommer Seelsorge durch eifrige Pflege der alten Sprachen hervorthat. Ihr Vorstand in Magdeburg war Proles, der, selbst zum Glauben an die Gnade Gottes, im Unterschiede von den Lehren Roms, durchgedrungen, weissagte: „Der Herr wird einen Helden erwecken, durch Gaben und Kräfte, Fleiß und Geist, Gelehrsamkeit und Beredtsamkeit fähig, den Irrthümern Widerstand zu thun. Demselben wird starker Muth geschenket werden, den Gegnern entgegenzutreten, und ihr werdet unter dem Segen des Höchsten seinen heilsamen Dienst erfahren. Dem Reiche des Papstes droht ein großer Ruin." —

Gekrümmt vom Bettelsacke der Barfüßer,
Zerschunden bis auf Bein und Haut von eigner Qual,
Gieng dort ein Fürst von Anhalt oft als Büßer
An mir vorüber und ich schmalte jedesmal
Vor Andacht: „O wie mag im Himmel droben
Die Schaar der Engel dies Gerippe loben!"

Von Magdeburg nach Mansfeld heimgekommen,
Hab' ich des Grafen Günther Tod vernommen.
Sieh, Martin, unsres Grafen selig Ende.
Das Eine schrieb er in sein Testamente:
„Herr Jesu, laß mich auf Dein bitter Leiden
Und Sterben fröhlich aus der Welt abscheiden!"
Erzählte mir mein Vater, mich dagegen
Durchschüttelts: „Wehe, ließ er unterwegen,
Den Kirchen, Klöstern, Armen Gott zu Ehren
Im Testamente Güter zu bescheeren!"

## 1498—1501.

Auf folgend Jahr hat sich der Knabe mit Wissen und auf Befehl seiner Eltern gen Eisenach begeben, da er seiner Mutter Freundschaft hatte. Als er daselbst eine Zeit lang auch vor den Thüren sein Brot ersang, nahm ihn eine andächtige Matronin, hieß Ursula, des reichen Herrn Conrad Cotta's Hausfrau, zu sich an ihren Tisch, dieweil sie um seines hellen Singens und herzlichen Gebets willen in der Kirchen eine sehnliche Zuneigung zu dem Knaben trug.

„Vier Jahre lang habe ich in Eisenach gelernt." —

„Verachte mir die Gesellen nicht, die vor den Thüren Panem propter Deum sagen und den Brotreigen singen. Du hörst vielleicht nach dem Psalmisten große Fürsten und Herrn singen. Ich bin auch ein solcher Partekenhengst gewesen und habe das Brot vor den Häusern gewonnen, sonderlich zu Eisenach in meiner lieben Stadt." —

— „Laß deinen Sohn studieren, und sollte er auch eine Weile nach Brot gehen, so gibst du unserem Herrgott ein fein Hölzlein, da er dir einen Herrn aus schnitzen kann. Es wird doch dabey bleiben, daß dein und mein Sohn, das ist gemeiner Leute Kinder, werden die Welt müssen regieren, beide in geistlichem und weltlichem Stande." —

Melanchthon: „Luther kam hierauf in die Schule nach Eisenach und hörte hier einen Lehrer Trebonius, einen ansehnlichen Gelehrten und Poeten, der richtiger und geschickter in der Grammatik unterrichtete, als es anderswo geschah. Denn ich erinnere mich, daß Luther seine Geschicklichkeit lobte. Nach dieser Stadt hat man ihn deßhalb geschickt, weil seine Mutter aus einer achtbaren und alten Familie jener Gegend herstammte. Daselbst vollendete er seine Sprach-studien. Sein angeborner Scharfsinn und namentlich seine Anlage zur Beredtsamkeit bewirkten, daß er seinen Altersgenossen schnell voran-eilte und sie sowohl mündlich als schriftlich in der ungebundenen wie gebundenen Rede durch den Reichthum im Ausdruck leicht übertraf."

Der edeln Frau von Cotta bewahrte Luther stets ein dankbares Gedächtniß („meine Wirthin") und nahm lange nach deren Tod (1511) ihren Sohn später gleichfalls an seinen Tisch in Wittenberg.

Partekenhengst von particulae = Brocken, Scherznamen für die Current-schüler, welche nach damaliger Sitte den Lebensunterhalt mit Singen vor den Häusern verdienten.

Gesegnet sei Frau Cotta für und für!
Den Knaben, der vor ihres Hauses Thür,
Bezwungen von des Hungers bittrer Noth,
So schön gesungen um ein Stückchen Brot,
Der, lag im Heiligthum er auf den Knie'n,
Ihr als der Andacht Engel oft erschien;
Nahm unter ihrem Dach sie huldreich auf
Und pflegte sorgsam seiner Jugend Lauf.
Gesegnet sei sie, denn an ihrem Tisch
Erblühten Martin Luthers Wangen frisch!
Nachdem sodann ein manches Hundert Jahr
An Eisenach vorbengeflossen war,
Wo kehrten Sänger gastlich ein und aus
Hinwiederum in einem Cottahaus?

# 1501—1505.

Anno 1501 senden diesen jungen Gesellen seine lieben Eltern gen Erfurt auf die hohe Schule und erhalten ihn vom Segen ihres löblichen Bergguts. In dieser Universität fäht unser Student an seine alte Logik und andere freie Künste, so man derzeit als gut fürgab, mit großem Ernst und sonderem Fleiß zu studiren, wie er auch eine Zeit lang der Juristerei obgelegen. Ob er aber wohl von Natur ein hurtiger, froher Jüngling war, fing er doch alle Morgen sein Lernen mit herzlichem Gebet und Kirchgehen an. Wie denn sein Sprichwort gewesen: „Fleißig gebetet, ist über die Hälfte studirt." Verschlief und versäumte daneben keine Lection, fragte gerne seine Lehrer und besprach sich in Ehr= erbietigkeit mit ihnen, repetirt oftmals mit seinen Gesellen, und wenn man nicht öffentlich las, hielt er sich allweg auf in der Universität Liberei (Bibliothek). — Auf eine Zeit, als er die Bücher fein nach einander besiehet, kommt er über die lateinische Biblia, die er zuvor die Zeit seines Lebens nie gesehen. Da vermerkt er mit großem Verwundern, daß viel mehr Episteln und Evangelien darin wären, denn man in den gemeinen Postillen und in den Kirchen auf den Kanzeln pflegt auszulegen. Wie er im alten Testament sich umsieht, kommt er über Samuelis und seiner Mutter Hanna Historien; die durchliest er eilend mit herzlichem Lust, gar freudig. Und weil ihm dies Alles neu war, fäht er an von Grund seines Herzens zu wünschen, unser getreuer Gott möge ihm dermaleins auch ein solch eigen Buch bescheren, wie ihm dieser Wunsch und Seufzer ist reichlich wahr worden. — Nicht lange hernach, wie er allda in eine schwere und gefährliche Krankheit gefallen, darüber er sich seines Lebens gar verzog, be= sucht ihn ein alter Priester. Der spricht ihm tröstlich zu: „Mein Bacculaurie, seid getrost, Ihr werdet dieses Lagers nicht sterben. Unser Gott wird noch einen großen Mann aus Euch machen, der viele Leute wieder tröften wird. Denn wen Gott lieb hat und daraus er etwas Seliges ziehen will, dem legt Er zeitlich das heilige Kreuz auf, in welcher Kreuzschule gebulbige Leute viel lernen." Dies ist die erste Weissagung, die der Herr Doctor gehöret, welche ihm auch das Herz troffen, wie er dessen oftmals erwähnet. Denn unser Gott richtet selten was Sonders und Wunderbarlichs an, das Er nicht zuvor verkündigen und offen= baren lässet, wie der Prophet Amos Cap. 3, 7 saget.

1501 schreibt sich Luther unter dem damaligen Rector der Uni= versität Jodocus Trutvetter in die acabemische Matrikel der philoso= phischen Facultät ein „Martinus Ludher ex Mansfeld".

1501 immatricu-
lirter Student.

1502 Baccalau-
reus.

1502 erlangt er den ersten Grad in der philosophischen Facultät (Baccalaureus), 1505 den zweiten Grad (Magister).

1505 Magister.

„Mein lieber Vater hielt mich dort (in Erfurt) mit aller Liebe und Treue und hat durch seinen sauren Schweiß und Arbeit dahin ge= holfen, da ich hinkommen bin."

„Wie war es eine so große Majeſtät und Herrlichkeit, wenn man Magiſtros promovirte und ihnen Fakeln fürtrug und ſie verehrte. Ich halte, daß keine zeitliche, weltliche Freude dergleichen geweſen ſei."

„Nun vollends (nach Erlangung des Magistergrads) darf des Lernens kein Ende ſeyn, will ich anders den deutſchen Magiſtern keine Schande machen."

„Ich ſollte nach dem Willen des Vaters nicht Biſchof, Pfaff, Mönch werden, alſo nicht verforgt in fremden Gütern wohlleben und gute Tage haben, ſondern mich durch eigenen Fleiß ernähren. Er be= fahl mir derhalber, nach dem vorlaufenden Stubium der ſieben freien Künſte die Rechte zu ſtudieren und er dachte ſchon daran, mir ehrlich und reich zu freien."

„Ich weiß und habe der Papiſten gelehrte Kunſt auch gelernt und kann ſie auch noch leider allzuwohl. Ich kann ihre eigene Dia= lektik und Philoſophie baß, denn ſie ſelbſt allefammt; ich bin darin erzogen und erfahren von Jugend auf, weiß faſt wohl, wie tief und weit ſie iſt."

„Ihr habt in Erfurt viele Jahre eine hohe Schule gehabt, wo= rin auch ich etliche Jahre geſtanden bin. Aber das will ich wohl ſchwören, daß alle die Zeit über nicht Eine rechte chriſtliche Lektion oder Predigt von irgend Einem geſchehen iſt, der Ihr jetzt alle Winkel voll habt. O wie ſelig hätt' ich mich dazumal gedäucht, wenn ich ein Evangelium, ja ein Pfälmlein hätte mögen einmal hören, da ihr jetzt die ganze Schrift klar zu hören habt. Wie theuer und tief lag da die Schrift vergraben, da wir so trefflich hungrig und durstig darnach waren, und war Niemand, der uns etwas gab, und gieng doch viel Mühe, Kost, Sahr und Arbeit drauf."

„Wer im weltlichen Regiment will lernen und klug werden, der soll die heidnischen Bücher und Schriften lesen."

„So lieb uns das Evangelium ist, so hart lasset uns halten über den Sprachen, denn sie die Scheide sind, worin das Schwert des Geistes steckt."

Melanchthon: Nachdem Luther erfahren, wie süße das Studieren wäre, und er von Natur sehr lernbegierig war, machte er sich auf die Universität, als an die Quelle aller guten Wissenschaften. Und so ein trefflicher Kopf hätte alle Künste nach der Ordnung lernen können, wenn er tüchtige Lehrer angetroffen hätte. Vielleicht würden auch die gelinden Studien der wahren Weltweisheit und der Fleiß, die Worte wohl zu setzen, seine heftige Natur einigermaßen zu besänftigen vermocht haben. Er gerieth aber in die ziemlich dornige Dialektik der damaligen Zeit hinein und eignete sich dieselbe schnell an, weil er vermöge seines Scharfsinns die Gründe der Lehren besser als andere durchschaute. Jedoch sein Geist, voll Wißbegierde, verlangte nach Besserem; darum las er sehr viele Schriften der alten Lateiner (Cicero, Livius, Virgil, Ovid, Plautus, Terenz ꝛc.) und zwar nicht wie die Schulknaben, die nur die Worte zu verstehen suchen, sondern als Lehren und Bilder des menschlichen Lebens. Deßwegen sah er auch die Meinungen und Rathschläge dieser Schriftsteller genauer an und bei seinem treuen, festen Gedächtniß stand ihm sehr Vieles, was er gelesen und gehört hatte, für immer lebendig vor Augen. So schritt er mächtig voran, hielt auch frühe selbst Vorlesungen über die Physik und Ethik des Aristoteles, und erregte bald allgemeine Bewunderung.

Von der Universität Erfurt: gestiftet 1392, Ende des 15. Jahrhunderts in höchster Blüte, später noch sehr angesehen, so daß ihr gegenüber andere Schulen als „Schützenschulen" (Luther) galten; Residenz der Scholastik, welche das römische Lehrsystem theologisch, philosophisch und juridisch um jeden Preis befestigen und verherrlichen wollte. Damalige Hauptvertreter Jodocus Trutvetter aus Eisenach und Bartholomäus Arnoldi von Usingen. Bereits war von Italien her die Bewegung des Humanismus, welcher die Cultur des classischen Alterthums der Welt zurückzuführen trachtete, nach Teutschland vorgedrungen, auch nach Erfurt (Pistoris von Jngweiler, unter dem Luther promovirte), stellte sich aber noch nicht feindlich zur Scholastik. Besonders die Jugend gab sich dem Studium der lateinischen und griechischen Dichter begeistert hin. Luther, der vom Griechischen und Hebräischen damals noch nichts verstand, war diesem Kreise strebsamer Studenten („Poeten"), aus dem hernach berühmte Männer (Crotus Rubianus, Johann Jäger, Georg Spalatin, Eoban Heß, Conrad Mutianus ꝛc.) hervorgiengen, befremdet, aber nicht einverleibt. Er blieb vorherrschend Philosoph und Musiker, vertiefte sich in die Dialektik, übte sich mit Auszeichnung im Disputiren, beschäftigte sich mit den lateinischen Classikern gerne, jedoch nicht einseitig. — Die Bacca-laurei hatten auf den mittelalterlichen Universitäten das Recht, Vorlesungen zu halten: licentiam docendi. Bei der Bewerbung um das Baccalaureat wurde Luther im Examen unter 57 Candidaten der dreißigste, bei dem Examen des Magisteriums unter 17 der zweite. — 1505 schickte der Vater ein Corpus juris und begann Martin die Rechte zu studiren, wobei das kanonische, geistliche zuerst, sodann das römische, weltliche Recht getrieben zu werden pflegte. — Neben Gesang (nicht sehr starke, jedoch helle, hohe Stimme) spielte Luther die Flöte weiter und lernte dazu, während er von Erfurt aus einmal in Mansfeld an einer Wunde krank lag, die Laute von sich selbst.

„O welch ein Augenblick war jene Stunde,
Vom blauen Himmel her ein Sonnenstrahl:
Da mich in langer, staub'ger Bücherrunde
Die heil'ge Schrift ansah zum ersten Mal!

Vor meinem Blicke funkelten die Lettern,
Wie wenn die Wolken Nachts ein Sturm zerreißt
Und sieh der Sterne Reigen ob den Wettern
Geruhig, lächelnd, majestätisch kreist.

Ich las und las, ich trank mit vollen Zügen,
Ein Durst'ger, der im heißen Wüstensand
Auf einen Brunnen stößt nach Gottes Fügen —
O Lebenswasser für der Seele Brand!

Ich las und las; auch tropften heiße Zähren
Manchmal auf meine Wangen vor Verdruß:
Ach, diesem Balsam auf der Menschheit Schwären,
Warum verwehrt man ihm den freien Fluß?

Ich las und las, die Stunde neigt zum Ende,
Doch eh die Liberei geschlossen ward,
Begegnet noch im alten Testamente
Mir Samuel, der Knabe holder Art:

Wie den sein frommes Mütterlein, Frau Hanne,
Zum Priester Eli bracht ins Heiligthum,
Wie der berufen ward zum Gottesmanne,
Wie der gewirkt zu Judas Heil und Ruhm.

Da wurde mir, als ob ich selber schliefe
Dort in dem Tempel bei der Bundeslad
Und mich der Herr bey meinem Namen riefe —
Nach Hause zog ich träumend meinen Pfad.

————

Nach Mansfeld zog ich, meinem Heimathort,
Um Ostern einst aus Erfurts Mauern fort,
Die Lenden mit der Waffe flott geschnürt,
Die Brust von Frühlings Hauche sanft berührt.

Kaum ein paar Meilen hinter uns die Stadt,
Mein Fuß an einem Stein sich übertrat,
Und von dem Stoß, weiß nicht genau wie's kam,
Der Degen mir nichts dir nichts Anlaß nahm,
In meines Beines Adern Stich auf Stich
Sich einzubohren unbarmherziglich.
Flugs läuft nach einem Arzt mein Kamerad,
Und ich, gestreckt auf meines Rückens Grat,
Mit allen Zähnen in die Lippen biß
Und preßte krampfhaft zu den blut'gen Riß.
Da rief ich in der Schmerzen grimmer Noth:
„Maria hilf!" — ach nicht auf Jesu Tod,
Nur auf der Jungfrau Schleier, wäre dort,
Wer weiß wohin, mein Seelchen fahren fort.
Indessen half mir Gott in Gnaden aus,
Ich kroch in meiner lieben Eltern Haus,
Und heilte langsam auch das wunde Bein,
Die saure Kurzweil trug doch Süßes ein:
Ich lernte meiner Laute holde Kunst.
Wie hat sie seither manche Feuersbrunst,
Wie manchen Sturm in mir gelöscht, gestillt —
Ja Segen alleweg aus Trübsal quillt!

---

Daß Luther nie zum Primus es gebracht,
Hierob manch Hundert Mannen hellauf lacht,
Bis Einer eine saure Miene macht.

# 1505—1508.

Am Ende des Jahres 1504, während er sein studiret, hat unsern Magister Mehreres hart betroffen, um deßwillen schweres Leid auf seine Seele fiel. Ein guter Geselle, dem er von Herzen angehangen, ward grausam erstochen und also von ihm genommen. Hernach ist er auch am Leibe gar ernstlich krank worden. Und als er im folgenden Sommer gen Mansfeld zu seinen lieben Eltern reiset, hat ihn auf der Heimkehr, nahe bei dem Flecken Stotternheim, ein groß Wetter und greulicher Donnerschlag bis ins Mark erschreckt und ihm ein solches Entsetzen vor Gottes Zorn und dem jüngsten Gericht eingetrieben, daß es ihn mit einem Schrei zu Boden warf: „Hilf, liebe Sanct Anna, ich will ein Mönch werden." So thät er ein Gelübbe, vermeinend, er wolle ins Kloster gehen, Gott allba dienen und Ihn mit Meße= halten versöhnen und die ewige Seligkeit mit klösterlicher Heilig= keit verdienen, wie dermalen die frömmsten Leute dachten und lehrten. Derhalben wird er, ob es ihn kurz darauf schier gereuet, nicht von wegen Faulheit, Ungeschicklichkeit oder Armuth, sondern aus tiefer Anfechtung ein Augustiner Mönch zu Erfurt. Worüber sein Vater, ders nicht gewußt noch gewollt, ein herzliches Miß= fallen getragen und zwei Worte zu seinem Sohne gesagt: 1) Sehet zu, daß Euer Schrecken nicht ein teufelischer Betrug gewesen; 2) Man soll allwege den Eltern um Gottes Worts willen ge= horsam sein und nichts hinter ihrem Rath anfahen. Welches dem Doctor hernach ist stätigs Leid gewesen, bis er seine Kappe wieder ausgezogen.

**Aus dem Brief Luthers an seinen Vater v. 21. Nov. 1521 nach Abwerfung der Mönchskutte (Vorrede zu der Schrift von den Kloster= gelübden): „Es gehet jetzt fast in das sechszehnte Jahr meiner Möncherei, darein ich mich ohne dein Wissen und Willen begeben. Du hattest wohl Sorge und Furcht meiner Schwachheit, das ist, daß ich Augustini Wort brauch, es war noch eitel heiß Jugend mit mir, und daß du an vielen Exempeln gelernt, daß Möncherei vielen unseliglich gelungen.**

Daher du wohl auch Willens warst, mir reich und ehrlich zu freien, und mich also anzubinden. Und diese deine Furcht, diese Sorge, dieser dein Unwill auf mich war ein Weil schlecht unversöhnlich, und war aller Freunde Rath umsonst, die da sagten, so du Gott wollest etwas opfern, du solltest Ihm das Liebst und Best opfern. Indeß aber klingelte dir wohl Gott diesen Vers aus'm Psalm in dein Herz: der Herr weiß die Gedanken der Menschen, daß sie unnütze seien. Aber du hörtest nichts. Dennoch zuletzt hast du gewichen und deinen Willen Gott heimgegeben, aber dennoch nicht weggelegt deine Furcht und Sorge. Denn ich gedenke noch allzuwohl, da es wieder unter uns gut ward, und du mit mir redetest, und da ich dir sagte, daß ich mit erschrecklicher Erscheinung vom Himmel gerufen wäre. Denn ich ward ja nicht gern oder willig ein Mönch, viel weniger um Mästung oder des Bauchs willen; sondern als ich mit Erschrecken und Angst des Todes eilend umgeben, gelobt ich ein gezwungen und gedrungen Gelübde. Und gleich daselbst sagest du: Gott gebe, daß es nicht ein Betrug und teuflisch Gespenst sei. Das Wort, gleichsam es hätte Gott durch deinen Mund geredt, durchdrang und senkete sich bald in Grund meiner Seele. Aber ich verstopfet und versperret mein Herz, so viel ich konnt, wider dich und dein Wort. Dazu war noch ein andres: da ich dir, als ein Sohn sich vermag gegen den Vater, vorwarf deinen Zorn, bald troffest du und stießest mich wieder ebenso zu, daß ich mein lebenlang kaum von einem Menschen ein Wort gehöret hab, das kräftiger mir eingangen und gehaftet. Denn dies waren die Worte dein: „Ei, hast du nicht auch gehöret, daß man Eltern soll gehorsam seyn?" Aber ich verstocket in meiner eigen Frömmigkeit, hörte und mißachtete dich ganz als einen Menschen. Aber dennoch von Herzen konnt ich das Wort nie verachten. Sie stehe nun, ob dir nicht verborgen gewest, daß man Gottes Gebot müßt allen andern vorziehen. Denn ists nit also? Hättest du gewußt, daß ich auf die Zeit noch in deiner Hand war, hättest du mich nicht kraft väterlicher Gewalt aus der Kappen gerissen? Denn wahrlich, wo ichs gewußt, hätte ich ohne dein Wissen und Willen solches nicht angefangen, und ob ich auch tausend Tode hätte leiden sollen. Denn eigentlich mein Gelübde war nicht einer Schlehen werth; denn ich zog mich damit aus Gewalt und Willen meiner Eltern, die mir von Gott geboten waren; und das mehr, es war ganz ungöttlich. Daß es aber nicht aus Gott wäre, zeigt nicht allein das an, daß es wider deine Gewalt war, sondern daß es auch nicht von Herzen und williglich gethan war. Dazu war mein Gelübde auf eitel Menschenlehr' und Geistlichkeit der Gleißnerei, die Gott nit geboten hat. — Aber Gott, deß Barmherzigkeit kein Zahl ist, und deß Weisheit kein End ist, hat aus all solchen Irrthümern und Sünden Wunder viel großer Güter geschafft. Siehe, möchtest du jetzt nicht lieber hundert Söhne verloren, denn dies groß Gut nicht gefehen haben? Es dünket mich, daß Satanas von meiner Jugend an zuvor gefehen hab die Ding, die er nun leidet. Derhalb hat er, mich umzubringen und zu verhindern, gerafet und wüthet mit fo viel Sünden, daß ich mich oft verwundert und gedacht, ob ichs gar allein wäre unter allen Menfchen, den er antaftet. Es hat aber Gott gewollt, wie ich nun fehe, daß ich der hohen Schulen Weisheit und der Klöfter Heiligkeit aus eigener gewiffer Erfahrung, das ift aus vielen Sünden und gottlofen Werken, erführe, daß das gottlofe Volk nit wider mich, ihren zukünftigen Widerpart, zu prangen hätt als der unerkannte Dinge verdammete. Darum bin ich ein Mönch gewest, nicht ohne Sünde, doch ohne Schuld oder Vorwurf. Denn Aberglauben und Gottesver-achtung werden ins Papfts Regiment nicht allein nicht geftraft, fondern auch für große Geiftlichkeit geachtet."

„Ich ging ins Klofter und verließ die Welt, weil ich an mir verzweifelte."

„Ich hatte mich überreden laffen, ich würde in demfelben Stande und mit folcher harten, fauren Arbeit Gott einen Dienft thun."

„Ich gedachte, nie wieder aus dem Klofter zu gehen; ich war der Welt wie abgeftorben, bis daß es Gott Zeit däuchte."

„In geiftlichen Sachen foll jeder fein eigen und frei feyn."

Melanchthon: Die Urfache, warum er diefe Lebensweife, die er am förderlichften für die Gottfeligkeit und die Befchäftigung mit der Gotteserkenntniß hielt, war diefe. Oftmals hatten ihn fchon, wenn er Gottes Zorn und fchwere Strafgerichte ernftlicher bedachte, plötzlich folche Schrecken ergriffen, daß er darüber faft feinen Geift aufgab. Ich fah ihn felbft, wie er bei einer Unterredung über einen Punkt der Lehre fo tief in die Gedanken kam, daß er in einem nahen Kämmerlein fich aufs Bett legte und in feinem Gebet immer wieder den Spruch fich vorfagte: „Er hat Alles unter die Sünde befchloffen, auch daß Er Sich aller erbarme." Diefe Gewiffensfchrecken empfand er am heftigften zu jener Zeit, als ihm ein guter Freund erftochen ward und ein furchtbares Wetter über ihm ausbrach ꝛc.

Unter den vielen Erklärungsverfuchen für den rafchen Klofterein-tritt zeichnet fich der Titel aus, welchen ein Pater neben Luther diefem gab: „wunderbar bekehrter Paulus".

Vom Klofter in Erfurt: Auguftinerorden, deffen Anftalten ein Vicar oder General vorgefetzt war, follte Predigt, Seelforge, theologifche Studien treiben, galt zu jener Zeit für weniger verdorben, befaß recht würdige, gelehrte Glieder. Die Mönche mußten von Almofen leben und folche, herum-ziehend, einfammeln, weil der Orden kein Eigenthum haben durfte; ftrenge Lebensregeln, angeblich vom heiligen Auguftin herftammend; führten den Titel „Eremiten", Einfiedler fort, wiewohl feit dem 13. Jahrhundert in Klöftern verbunden.

Preffel, Luther. 2

Am Abend lud ich einen Reigen
Der liebſten Freunde zu mir her:
Davonzugehn in ſtummem Schweigen,
Es deuchte mich zu jammerſchwer.

Erſt kreiſte Wein, erſt klangen Lieder,
Dann warf ich meine Laute hin:
„Heut' ſeht ihr mich und niemals wieder,
Weil morgen ich im Kloſter bin!“

O nein, o nein — erklangs im Chore
Der Schaar aus Einem Herz und Mund;
O nein, drangs mild zu meinem Ohre,
Denn mir auch bangte vor dem Schlund.

Jedoch das grauſe Donnerwetter,
Darunter ich Sanct Anna ſchwur,
Ertönte lauter und beredter:
„Sort aus des Lebens grüner Flur!“

Wehmüthig andern Morgens lenkte
Zum Kloſter hin dieſelbe Schaar,
Ein Leichenzug — den man verſenkte.
Weiland ihr Bruder Martin war.

Aufenthalt im Kloſter.

Als er nun ein Mönch worden, giebt ihm auf ſein Bitten das Convent eine lateiniſche Biblia. Die durchlieſet er mit höchſtem Ernſt und Gebet und lernet viel davon auswendig. Es halten ihn aber die Kloſterleut ſehr ſchmal und hart, feilen ihm viel auf; daß er Cuſtos und Kirchner ſeyn mußte und die unfläthigſten Gemächer ausſäubern, wie ſie ihm auch einen Bettelmönch zugeben und ſprechen unverhohlen: cum sacco per civitatem, mit Betteln und nicht mit Studiren bedient und bereichert man die Klöſter. Dieweil er aber ein löblich Glied der Erfurtiſchen Schulen und ein promovirter Magiſter war, nimmt ſich die löbliche Univerſität ihres Gliedes an und bittet für ihn bey ſeinem Prior und Convent, daß man ihn der unfläthigen Beſchwerung zum Theil überheben mußte. Da er nun aber Profeß thät und die Kappen anzog, und im folgenden Jahre Prieſter warb, haben ihm ſeine Brüder die Biblia wieder genommen und ihm ihre Sophiſterei und Schullehrer unter die Hände gegeben. Die hat er ex obedientia wohl auch fleißig durchleſen, wo's aber Zeit und Raum gab, hat er ſich in des Kloſters Liberei verſteckt und zu ſeiner lieben Biblia ſtets und treulich gehalten. Hieneben lieſt er täglich als ein frommer Mönch mit tiefſter Andacht ſeine Meſſe fünfzehn Jahre lang; welches er hernach, da er zur Erkenntniß der Wahrheit kommen, für ſeine greulichſte Sünde ſein Leben lang gehalten, damit er ſeinen treuen Gott erzürnet und das einige und vollkommene Opfer des unſchuldigen, theuren Bluts Jeſu Chriſti geſchändet habe. Weil er aber Tag und Nacht ſtudiret und betet und ſich darneben mit Faſten und Wachen

Profeß Keuſchgelübde 1505. Weihe Mai 1507.

kasteiet und abmergelt, war er stetig betrübt und traurig. Und als ihm sein Meßhalten keinen Trost geben wollte, schickt ihm Gott einen alten Bruder zu im Kloster, zum Beichtvater. Der tröstet ihn herzlich und weiset ihn auf die gnädige Vergebung der Sünden im apostolischen Glaubensbekenntniß und lehret ihn aus Sanct Bernhards Predigt, er müßte für sich selber auch glauben, daß ihm der barmherzige Gott und Vater, durch das einige Opfer und Blut Seines gehorsamen Sohnes, Vergebung aller Sünden erworben und durch den heiligen Geist in der apostolischen Kirche durchs Wort der Absolution verkündigen ließ. Das ist unserem Doctor ein lebendiger und kräftiger Trost ge= wesen, deß er sich nachmals wieder in Sequenz zu Weihnachten tröstlich erinnert, da er den Vers sang: O beata culpa, quae talem meruisti redemtorem (O selge Schuld, die solche Huld bei Gott uns armen Sündern hat erworben: den Heiland, uns geboren und gestorben)! Wie er dieses seines Beichtvaters oft erwähnt und ihm herzlich gedanket hat.

**Profeß:** „Ich, Bruder Martinus, thue Profession und verheiße Gehorsam Gott dem Allmächtigen und der heiligen Maria, allezeit Jung= frauen, und dir, Bruder N., dem Prior dieses Ortes und anstatt des gemeinen Priors des Ordens (General) der Brüder Einsiedler St. Au= gustin des Bischofs und seiner Nachkommen: zu leben ohne Eigenes in Keuschheit nach der Regel desselbigen heiligen Augustini bis in den Tod."

**Priesterweihe.** Das erste von Luther erhaltene Schreiben: „Dem heiligen und hochwürdigen Priester Christi und Mariä, Johann Braun, Eisenacher Vicario, Seinem in Christo herzlich Ge= liebten. Heil in Christo Jesu, unsrem Herrn! — Ich müßte mich, lieb= reichester Freund, scheuen, Eure Liebe mit meinem unzeitigen Schreiben und Bitten zu beschweren, wenn ich nicht Eures gütigen und gegen mich so wohlgesinnten Herzens aufrichtige Neigung bedächte, die ich aus so viel Merkmalen und Wohlthaten sattsam erkannt habe. Darum habe ich kein Bedenken gehabt, diese wenigen Zeilen an Euch abzu= lassen, gewiß verhoffend, sie werden wegen unserer herzlichen Liebe und Freundschaft gegen einander bey Euch leicht in ihrem Suchen und Bitten Statt finden. — Denn da der glorwürdige und in allen Seinen Werken heilige Gott mich unseligen und durchgehends unwürdigen Sünder so herrlich erhoben und zu Seinem hohen Dienst aus lauterer reicher Gnade und Güte zu taufen gewürdiget hat, so muß ich aller= dings, daß ich für solche allerherrlichste Güte (wenigstens so viel dem

armen Staube möglich ist) dankbar sei, das mir vertraute Amt erfüllen und antreten. Ist demnach auf Verordnung meiner Väter be-
schlossen, daß ich dasselbe, mit Gottes Hilf, zukünftigen vierten Sonntag, Cantate genannt, einweihen sollte. Denn dieser Tag ist um
mehrerer Gemächlichkeit meines Vaters willen zur Darbringung und
Heiligung meiner Erstlinge vor Gott beniehmet. Dazu ich auch Eure
Liebe demüthig, obwohl vielleicht nicht ohne Kühnheit, einlade. Nicht
daß ich mich um einiger meiner Verdienste um Euch (deren ich keine
weiß) würdig schätzen sollte, Euch mit solcher beschwerlichen Reise zu
bemühen und zuzumuthen, daß Ihr zu solchem Armuth meiner Niedrig-
keit kommen möchtet, sondern weil ich Eure Freundlichkeit und Will-
fährigkeit, da ich kürzlich bey Euch gewesen, mehr als jemals verspüret
habe. — Ihr werdet also, geliebtester Vater, Herr und Bruder (denn
der erste Name gebühret Euch Alters und Sorgen halber, der andere
des Verdienstes, der letzte des Ordens halber), mir die Ehre thun, wo
es Euch die Zeit und Kirchen- oder Hausgeschäfte zulassen, und hieher
kommen, uns mit Eurer angenehmen Gegenwart und Gebet beyzustehen,
damit unser Opfer vor Gott angenehm seyn möge. Ihr werdet aber
auch meinen Schwager Conrad, ehemaligen Küster zu St. Nicolai, und
wen Ihr sonst noch wolltet, zu Reisegefährten mitnehmen, wo er anders
Lust hat und wegen häuslicher Geschäfte abkommen kann. — Ihr
werdet anbey zu erinnern seyn, daß Ihr gerade auf unser Kloster zugehet und bey uns so lange verziehet (denn ich darf nicht fürchten,
daß ihr gar hier werdet wohnen wollen), noch auswärts auf den
Straßen Euch nach anderer Herberge umthut. Denn ihr werdet ein
Cellarius, das ist Zelleneinwohner, werden. Gehabt Euch wohl in
Christo Jesu unserem Herrn! Gegeben aus unsrem Kloster zu Erfurt
den 20. April im Jahr 1507. Bruder Martin Luther von Mansfeld."

„Mein Weihbischof, als er mich zum Pfaffen machte und mir
den Kelch in die Hand gab, sprach nichts andres, denn also: accipe
potestatem sacrificandi pro vivis et mortuis (empfange die Vollmacht,
für Lebendige und Todte zu opfern)! Daß uns da die Erde nicht ver-
schlang, war unrecht und allzugroße göttliche Geduld und Langmuth.
Als ich bey der ersten Messe die Worte des Offertoriums las ("ich bringe
Dir, dem ewigen, lebendigen Gotte, dieses Opfer"), daß ich den Altar
verlassen wollte und vergessen hätte, wär ich nicht von meinem Präceptor gehalten worden. Denn, dachte ich, wer kann vor Gottes
Majestät bestehen, ohne den Mittler; wie komme ich dazu, daß ich die
hohe Majestät anreden soll, da die Menschen doch schon vor einem
König verzagen?"

„Ein geweihter Pfaff galt gegen andere getaufte gemeine Christen
gleich wie der Morgenstern gegen einen glimmenden Docht."

Klosterleben: „Wahr ist's, ein frommer Mönch bin ich gewesen und habe so gestreng meinen Orden gehalten, daß ich sagen darf:
ist je ein Mönch gen Himmel kommen durch Möncherei, so wollte ich auch
hineinkommen seyn. Das werden mir zeugen alle meine Klostergesellen,
die mich gekennet haben, denn ich hätte mich, wo's länger gewähret,
zu Tode gemartert mit Wachen, Beten, Lesen und anderer Arbeit!"

„Ist irgend Einer gewesen, der unter dem Papstthum, zuvor und
ehedem das Evangelium aufgegangen ist, von des Papsts und der
Väter Satzungen viel und hoch gehalten, und mit großem, ernstem Eifer
darum geeifert hat, daß ich es freilich sonderlich gethan habe, und habe
aus ganzem herzlichem Ernst also darob gehalten und sie vertheidigt,
als wäre es eitel Heiligthum und zur Seligkeit ganz nöthig. Darüber
habe ich auch selbst mich aufs Allerhöchste befliffen, solche Satzungen
zu halten, und meinen Leib mit Wachen, Fasten, Beten und andern
Uebungen viel mehr gemartert und geplaget, denn alle die, so jetzund
meine ärgsten Feinde und Verfolger find. Darum ich nun lehre, daß
solche Narrenwerke vor Gott können Niemand gerecht machen. Denn
ich war auf solche Gäucherei so fleißig, daß ich allerdings in einen Aberglauben dadurch gerathen war, und legete meinem eigenen Leibe mehr auf,
denn er ohne Verletzung der Gesundheit wohl ertragen möchte. Den
Papst betete ich rechten Anbetens und herzlichsten Ernstes an, nicht
um fetter Pfründen, geistlicher Lehen und hoher Prälatur willen, sondern
was ich deß that, das that ich fürwahr aus schlechtem, einfältigem, gutem
Eifer, und daß ich meinete, es müßte so geschehen zu Gottes Ehre."

„Mein Leben hatte vor der Leute Augen einen großen Schein,
aber vor meinen eigenen das Gegentheil, denn ich war immer zerbrochen
und betrübt."

„So streng ich mein Gelübde beobachtete, bey Tag und bey Nacht,
so wenig fand ich Ruhe, weil alle die Tröstungen unkräftig waren,
die ich aus meiner Gerechtigkeit und aus meinen Werken nahm."

„Mit großer Andacht bereitete ich mich zur Messe und zum Gebet,
aber wenn ich am andächtigsten war, so gieng ich ein Zweifler zum
Altar, ein Zweifler vom Altar; denn wir waren schlecht in dem Wahn,
wir könnten nicht beten und würden nicht erhöret, wir wären denn
ganz rein und ohne Sünde, wie die Heiligen im Himmel."

„Je mehr ich meine Hände wusch, desto mehr Flecken kamen
hervor."

„Je mehr ich lief und begehrete, zu Christo zu kommen, je weiter
Er von mir wich."

„Ich hielt täglich Messen und rief in jeder drei Patronen an,
mattete meinen Leib mit Fasten und Wachen ab und hielt davor, ich
würde auf diese Weise dem Gesetz ein Genüge thun und mein Gewissen

vor dem Stechen des Treibers befriedigen; aber ich richtete nichts aus, und je weiter ich auf diesen Wegen fortgieng, desto mehr ward ich erschrecket, so gar, daß ich würde verzweifelt seyn, wenn mich nicht Christus gnädiglich angesehen und mit dem Lichte Seines Evangeliums erleuchtet hätte."

„Dem ehrwürdigen Herrn und meinem rechtschaffenen Vater in Christo, Johann Staupiß, der heiligen Schrift Doctorn und Vicarien der Augustinianer Väter v. St. Trier 1518: Ich bin wohl eingedenk, Ehrwürdiger Vater, daß unter andern E. Ehrw. holdseligen Reden, durch welche der Herr Jesus mich wunderbarlich pflegte zu tröften, einst auch dieses Worts „Buße" gedacht ward, welches wir von E. Ehrw. höreten und mit solchen Freuden annahmen, als wäre es uns vom Himmel herab eröffnet. Nemlich, daß rechte, wahre Buße das wäre, welche an der Liebe der Gerechtigkeit und Gottes anfähet, und daß das Ende und Vollkommenheit der Buße, wie die Papisten davon reden, vielmehr zu nennen ist der Anfang der Buße. Durch welches Wort wir auch verurfachet worden, ein groß Mitleiden zu haben mit den armen hochbetrübten Gewissen, welchen durch die Beichtväter, sollte sagen Stockmeister, unzählig viel, zudem unträglich Gebot aufgeladen, auch Weise und Form, wie sies nennen, zu beichten vorgeschrieben sind. Daher mir auch dieses Wort „Buße" in meinem Herzen haftete, wie der scharfe Pfeil eines Helden, also daß ich bald auf dasselbe fiel und es gegen die Sprüche der Schrift, die von der Buße handeln, hielt und befand, daß diese Sprüche übereinstimmten mit E. Ehrw. Rede. Daraus ich solchen Troft empfieng, daß das Wort „Buße" von derselben Zeit an mir angenehm und lieblich zu hören war, das ich zuvor nicht ohne Schrecken hören konnte. Denn es däuchte mich, als wäre kaum ein härter Wort in der ganzen Schrift als dies. Gleichwohl stellete ich mich oft vor Gott, als liebete ich Ihn, unterstund mich auch dasselbe mit der That zu beweisen, aber es war nicht ächte, sondern erdichtete und erzwungene Liebe. Also werden uns aber Gottes Gebote süß und lieblich, wenn wirs nicht allein in Schriften, sondern in den Wunden unseres lieben, süßen Heilands lesen und verstehen lernen."

Stauplß und Luther: St. „Wie seid ihr so traurig, Frater Martine?" L.: „Ach wo soll ich hin?" St.: Ach, ihr wisset nicht, daß Euch solche Anfechtung noth und gut ist; sonst würde nichts Gutes aus Euch." L.: „O meine Sünde, Sünde, Sünde!" St.: „Du willst ohne Sünde seyn und hast doch keine rechte Sünde. Christus ist die Vergebung rechtschaffener Sünden, als die Eltern ermorden, öffentlich läftern, Gott verachten, Ehe brechen etc. Das sind rechte Sünden. Du mußt ein Register haben, darin rechtschaffene Sünden stehen. Soll Christus dir helfen, mußt du nicht mit solchem Humpelwerk und Puppenfünden umgehen und aus einem jeglichen Bombart eine Sünde machen." „Ihr wollt ein erdichteter Sünder seyn und Chriſtum für einen erdichteten Heiland halten. Gewöhnt Euch daran, daß Chriſtus der wahrhaftige Heiland und Jhr ein wirklicher Sünder ſeid. Gott ſpielt hein Schattenſpiel und ſcherzt nicht, da Er Seinen Sohn uns ſendet und für uns dahingibt." St. gegen die Skrupel Ls. bezüglich der Verſehung, Erwählung, Prädeſtination: „Jn den Wunden Chriſti wird die Verſehung verſtanden und gefunden, ſonſt nirgend nicht. Denn es ſtehet geſchrieben: Den ſollt ihr hören. Der Vater iſt zu hoch, darum ſagt Er: Jch will einen Weg gehen, darauf man zu Mir kommen möge, nemlich Chriſtum, an Den gläubet und Dem hanget an, ſo wird ſichs zu ſeiner Zeit wohl finden, wer Jch bin. Gott iſt unbegreiflich und will ungefaſſet ſein außer Chriſto." — „Willſt du von der Verſehung disputiren, ſo fahe an den Wunden Chriſti an, ſo wird zugleich alles zweifelhafte Disputiren auf- hören und fallen. Wiederum, wenn man ihr nachhänget und will viel disputiren, ſo muß Chriſtus, Sein Wort und Sakrament weichen. Jch vergeſſe Alles, was Chriſtus und Gott iſt; wenn ich in dieſe Gedanken komme, ſo halte ich Gott für einen Böſewicht und Stockmeiſter. Da- rum halte dich nur an das Wort, in welchem ſich Gott hat offenbart, und bey demſelbigen bleibe, dann haſt du den rechten Weg deines Heils und Seligkeit, wenn du Jhm nur gläubeſt. Wer glaubt, ſoll das liebe Kind ſeyn und kann ſich der Verſehung feſt und froh getröſten!" —

„Wo mir Doctor Staupiz oder vielmehr Gott durch Doctor Staupiz nicht aus den Anfechtungen herausgeholfen hätte, ſo wäre ich drinnen erſoffen und längſt in der Hölle."

Zuerſt unter den acht Liedern, die in drei Drucken in Quart unter dem Titel „Etlich chriſtlich Lieder Lobgeſang und Pſalme etc. Wittenberg 1524" auf uns gekommen, — damalige Gemüthsverfaſſung Luthers:

„Nun freut euch, lieben Chriſten g'mein,
Und laßt uns fröhlich ſpringen,
Daß wir getroſt und all in ein
Mit Luſt und Liebe ſingen:
Was Gott an uns gewendet hat,
Und Seine ſüße Wunderthat,
Gar theu'r hat Ers erworben."

„Dem Teufel ich gefangen lag,
Jm Tod war ich verloren,
Mein Sünd mich quälet Nacht und Tag,
Darin ich ward geboren;
Jch fiel auch immer tiefer drein,
Es war hein Guts am Leben mein,
Die Sünd hatt mich beſeſſen."

„Mein gute Werk die gelten nicht,
Es war mit ihn'n verdorben;
Der frei Will haſſet Gott's Gericht,
Er war zum Gut'n erſtorben;

Die Angſt mich zum Verzweifeln trieb,
Daß nichts denn Sterben bey mir blieb,
Zur Hölle mußt ich ſinken."

„Da jammerts Gott in Ewigkeit
Mein Elend über Maßen,
Er dacht an Sein Barmherzigkeit,
Er wollt mir helfen laſſen,
Er wandt zu mir das Vaterherz,
Es war bey ihm fürwahr hein Scherz,
Er ließ Sein Beſtes koſten."

„Er ſprach zu ſeinem lieben Sohn,
Die Zeit iſt hier zurbarmen,
Fahr hin meines Herzens werthe Kron,
Und ſei das Heil dem Armen,
Und hilf ihm aus der Sünden Noth,
Erwirk für ihn den bittern Tod
Und laß ihn mit Dir leben!"

„Der Sohn dem Vater g'horsam ward,
Er kam zu mir auf Erden,
Von einer Jungfrau rein und zart,
Er sollt' mein Bruder werden.
Gar heimlich führt Er Sein Gewalt,
Er gieng in meiner armen G'stalt,
Den Teufel wollt Er fangen."

„Er sprach zu mir: halt dich an Mich,
Es soll dir jetzt gelingen.
Ich gab Mich Selber ganz für dich,
Da will Ich für dich ringen,
Denn ich bin dein und du bist Mein,
Und wo ich bleib, da sollst du sein,
Uns soll der Feind nicht scheiden."

„Vergießen wird er mir mein Blut,
Dazu mein Leben rauben;
Das leid ich Alles dir zu gut,
Das halt mit festem Glauben!

Der Tod verschlingt das Leben Mein,
Mein Unschuld trägt die Sünde dein,
Da bist du selig worden."

„Gen Himmel zu dem Vater Mein
Fahr ich von diesem Leben,
Da will Ich seyn der Meister dein,
Den Geist will Ich dir geben,
Der dich in Trübniß trösten soll,
Und lehren Mich erkennen wohl
Und in der Wahrheit leiten."

„Was Ich gethan hab und gelehrt,
Das sollst du thun und lehren,
Damit das Reich Gott's werd gemehrt
Zu Lob und Seinen Ehren,
Und hüt dich vor der Menschen G'satz,
Davon verdirbt der edle Schatz,
Das laß Ich dir zu Letze. Amen."

**Melanchthon:** Wie Luther vom Triebe der Frömmigkeit ins Kloster geführt wurde, gab er sich darin dem gelehrten, scholastischen Studium wohl auch emsig, aber doch mehr nebenher hin. Durstiger zogs ihn zu den Quellen der himmlischen Lehre, den prophetischen und apostolischen Schriften und den Eifer, sie genau kennen zu lernen, spornten die Schmerzen und Aengste seines Gemüths. Hiebei ward er vom Zuspruch eines greisen Bruders erquickt und gestärkt, welcher ihn auf die Wahrheit wies, daß der Mensch aus Gnaden durch den Glauben gerecht werde, wie Paulus lehrt. Je mehr er auf diesen Punkt weiter studierte, sowohl in der heiligen Schrift als im Gebet, um so mehr Licht floß ihm zu. Damals fing er auch an, Augustins Bücher zu lesen, und freute sich, darin dieselbe Lehre vom Glauben zu finden, welche seinem Herzen aufgegangen war. Jedoch ließ er die Scholastiker nicht vollständig bei Seite: den Gabriel und Petrus von Alliaco wußte er fast auswendig. Oft und gern las er die Schriften des Occam, dessen Scharfsinn und Geist er dem Thomas und Scotus vorzog. Dem Gerson rühmte er nach, unter allen Kirchenlehrern allein von den geistlichen Anfechtungen zu handeln und bange Gewissen zu trösten. Zumeist aber beschäftigten ihn Augustins Werke.

**Zum Klosterleben Luthers.**

Gelübbe, „bis in den Tod" nach den Regeln des heiligen Vaters Augustin zu leben, dem allmächtigen Gotte, der Jungfrau Maria und dem Prior Gehorsam zu leisten: darauf Anlegung der mit Weihwasser und Weihrauch gesegneten Ordenskleider, Niederlegung des Mönchs auf den Boden in Kreuzesform, Besprengung desselben, Beglückwünschung seitens der Brüder, daß er nun ein unschuldiges Kind sei, frisch aus der Taufe gehoben, Einweisung in eine Zelle mit Stuhl, Tisch, Bettstatt (gegen den Hof hinaus gelegen, erst 1872 abgebrannt); Neuer Namen „Augustin", dem aber Luther die Beibehaltung seines Taufnamens Martin beharrlich vorzog.

**Priesterweihe:** Vater Hans kommt auf bringliches Ersuchen mit stattlichem Geleite dazu, bleibt jedoch bei mißfälligen Aeußerungen über den Eintritt und redet mit seinem Sohne wieder per Du, während vorher in Folge der Magisterwürde per Ihr. Luther verwaltet das Bußsakrament mit heiligem Eifer, zugleich Grauen; die Beichte weiblicher Personen abzunehmen, weicht er aus; wagt nie zu predigen; beichtet selbst fortwährend. So manchmal der Gegensatz wetterleuchtete, die Schule des Gesetzes, der Pietät in den Gliedern, erstickte noch denselben mit Macht. Luther fand zum Exempel in der Klosterbibliothek Predigten von Huß, las darin und entsetzte sich, warum doch ein solcher Mann als Erzketzer verbrannt worden, der so christlich und gewaltig die Schrift führen konnte — „aber weil sein Name so greulich verdammt war, daß ich dazumal dachte, die Wände würden schwarz und die Sonne den Schein verlieren, schlug ich das Buch zu und ging verwunderten Herzens davon, getröstete mich nur der Hoffnung, daß er solches geschrieben, bevor er Ketzer worden."

**Studien:** Aneignung der damaligen Schultheologie, ganz im Einklang mit Rom, ohne daß Augustins Heilslehre, noch Occams antipäpstliche Richtung 2c. einen Zwiespalt veranlaßt hätten. Auch die Forschung in der Bibel konnte, weil ganz unter dem Einfluß der herkömmlichen Auslegung, erst mühsam und langsam zu reinerem Verständniß helfen.

**Anfechtungen:** Steigern sich zu qualvollen Momenten des Fegfeuers, „die, wenn sie nur eine halbe, nur eine Zehntelstunde fortgedauert hätten, sein Gebeine zu Asche verbrannt haben würden;" von keinem Beichten, Büßen, Kasteien, Absolviren zu bannen; Heimsuchungen, Zerknirschungen besonderer Art; herrührend von leidenschaftlichen Gefühlen, Zorn, Eifersucht, Ehrgeiz („ein hoffärtiger Heiliger"), nicht von Regungen sinnlicher Lust; schließlich zu krankhaftem Grübeln und Vorstellen ausartend, ohne Zweifel in gegenseitigem Zusammenhang mit seinen Unterleibsgebrechen.

**Tröstungen:** Der alte, greise Bruder ein ungenannter Novizenmeister. Aus Gersons Büchern lernte Luther namentlich, daß man den Gedanken, die der Satan in uns erregt, nicht nachhängen, noch sich mit ihnen länger herumschlagen, sondern sie wie bellende Hunde, die, wenn man sich mit ihnen einläßt, um so heftiger und bissiger werden, verachten und so überwinden soll; auch daß Verstöße gegen die klösterlichen Satzungen und ähnliche Fehltritte noch nicht für Todsünden angesehen werden dürfen. — Den Durchbruch des evangelischen Lichtes vermittelte zumeist Johann Staupitz: (geborener und gebliebener Edelmann, auf mehreren Universitäten in der Scholastik fein ausgebildet, bei den Augustinern eingetreten, Prior ihres Klosters in Tübingen (Stift), 1500 Doktor der Theologie, später Ordensgeneral, Professor in Wittenberg, Berather des Kurfürsten von Sachsen, mit Luther anläßlich der Visitationen bekannt geworden, in Form der beschaulichen Mystik der Vorläufer und Erzieher des Reformators: Grundgedanken:

Die Liebe Gottes, womit Er uns liebt, muß in unser Herz gebildet werden
durch Christum; durch Ihn ist die auserwählte Seele Gott also freundlich
zugethan, daß ihr auch die Sünde nicht allein unschädlich, sondern förderlich
ist; die an Christum glauben, dürfen ihrer Versehung zur Seligkeit gewiß
sein; zur Vergebung der Sünde hilft weder Beichte noch Reue noch irgend
ein Menschenwerk, sondern allein der Glauben an Christum; wer aber durch
den Glauben in Christo, befleißt sich auch Seiner Nachfolge im Leben, Leiden
und Sterben). Als der Kampf gegen Rom heftiger ausbrach, zog er sich
zwar zurück, auch von Luther, denn er war ein Sämann, kein Kriegsmann.
Luther vergaß jedoch nie sein hohes Verdienst um ihn, verwandte sich noch
1545 für Glieder seiner Familie: „wo ich nicht ein verdammter, undankbarer,
päpstlicher Esel sein will, muß ichs meinem lieben Doktor nachrühmen, daß
er erstlich mein Vater in der evangelischen Lehre gewest ist und mich in
Christo geboren hat, weßhalber ich mich schuldig erkenne, allen denen zu
dienen, welchen ers von mir fordern würde, wenn er jetzt hie lebete."

Schau, wie man in die Gluth wirft einen Klumpen Gold,
Schau, wie man worfelt Perlensand in einem Sieb —
Dann weißt du, was der Herr mit Luther machen wollt',
Indem Er ihn durchs enge, heiße Kloster trieb.

---

Benennt mir Einen, dem in leichtem Flug
Ein Fürstenthron im Reich der Gnade worden?
Nein, wie der Phönix aus dem Aschenkrug,
Hebt sich aus Tod und Hölle dieser Orden.

## Aus Luther's Tischreden über das Mönchthum.

Barfüßer, faul und fett und stolz,
Woher stammt Euer Pantoffelholz?
Dem Feigenbaume wirds entnommen,
Auf den der Fluch des Herrn gekommen:
„Verdorre, darfst in künftgen Tagen
Kaum Blätter, nie mehr Früchte tragen!"

---

Ein Landgraf, der es toll getrieben,
Der keinem Laster fern geblieben,
Befahl in seinem Testamente,
Damit er sicher selig ende:
„Wenn ich den letzten Odem schnappe,
Setzt auf das Haupt mir eine Kappe!"

Man that genau nach dem Gebote.
Da nun im Sarge lag der Todte,
Rief all sein Volk: „seht unsern Grafen,
Wie heilig ist er doch entschlafen;
Dieweil als Bettelmönch gestorben,
Hat er den Himmel noch erworben!"

Wenn schwere Launen mich beklemmen,
Spricht Satan mit verschmitztem Lachen,
Muß einen lustgen Streich ich machen.
Wie zum Exempel Säue schwemmen.

Die Mönche, meine Leibhusaren,
Lad ich zum Schmaus und sind sie trunken,
Laß ich zu kühlem Untertunken
In einen Teich die Bande fahren.

Schnell heilt es meiner Brust Beklemmen,
Wenn sie dann brüllend Wasser saufen,
Wie sonsten Bier, und sich zerraufen —
Giebts wohl ein lustger Säueschwemmen?

Die wollen unsres Herrngotts Heilge sein.
Und wechseln ihren höchsten Ehrennamen,
Den in der Taufe sie von Gott bekamen,
Für einen hohlen Afternamen ein,
Gemurmelt am Beschneidungstag der Glatzen,
Will heißen beim Profeß, mit frommen Fratzen.

# 1508—1511.

Kurz vor dieser Zeit lässet der hochlöblich Kurfürst Herzog
Friedrich zu Sachsen die Universität, auf Anhalten seines Herrn
Bruders, des Bischofs zu Magdeburg, zu Wittenberg errichten,
durch Doktor Martinum Mellerstadt und Doktor Johann Staupitz,
welcher diesmals über vierzig Augustinerklöster, in Meissen und
Thüringen, Vicarius oder Superintendent war. Und weil dieser
Staupitz neben Andern Befehl hatte, sich nach gelehrten Leuten
umzusehen, und sie gen Wittenberg zu fordern, und spüret an
diesem Mann eine sonderliche Geschicklichkeit und ernstliche Frömmigkeit, bringet er Fratrem Martinum ins Kloster gen Wittenberg,
Ende des Jahres 1508, wie die Universität daselbst sechs Jahre
zuvor aufkommen war.

Allba legt sich unser Frater Martinus auf die heilige Schrift
und fähet an in der hohen Schule zu disputiren, wider die Sophisterei, so dieser Zeit allenthalben im Schwang gieng. Und weil
diesmalen aus dem Meister von hohen Sinnen (Aristoteles), neben
Thoma von Aquin, Scoto, Alberto, in allen Schulen, Klöstern
und Predigtstühlen der Grund des Christenthums gelegt ward,
fähet unser Frater Martinus an, wider ihre Principien zu disputiren, und nach dem rechten, gewissen Grund unsrer Seligkeit
zu fragen, und hält der Propheten und Apostel Schrift, die aus
Gottes Munde herfür bracht ist, höher, gründlicher, gewisser, denn
alle Sophisterei und Schultheologei, darüber sich schon derzeit
gute Leute trefflich verwunderten.

Doktor Mellerstadt, welcher diesmals Lux mundi, oder ein
Doktor in der Arzenei, Juristerei und klösterlichen Sophisterei
war, konnte dieses Mönchs Argumenta's und Salutationes auch
über seinem Tische nicht vergessen. Der Mönch, hat er oft gesagt,
wird alle Doktores irre machen und eine neue Lehre aufbringen
und die ganze römische Kirche reformiren. Denn er legt sich auf

der Propheten Mund und Apostel Schrift, und stehet auf Jesu Christi Wort, das kann keiner weder mit Philosophei, noch Sophisterei, Scotisterei, Albertisterei, Thomisterei und dem ganzen Tarbaret umstoßen und widersechten.

Brief Ls.: „Dem hochwürdigen und Gott und der Maria geheiligten Mann, Herrn Johann Braun, Eisenachischen Priester, seinem geliebten Herrn und Vater. — Jesus: Heil und den Heiland Jesum Christum selber wünscht Bruder Martin Luther, der Augustinermönch. Höret doch endlich auf, mein vielgeliebter, hochgeschätzter Herr und Vater, höret auf, sag ich, Euch zu wundern, da Ihr es schon genug thatet, daß ich heimlich und verstohlen von Euch (aus Erfurt) weggegangen oder gehen konnte, wie wenn fast keine Freundschaft unter uns gewesen oder als ob undankbare Vergessenheit alles Andenken Eures liebreichen Wesens aus meinem Herzen getilget hätte. Es ist nicht also und ich habe das nicht gethan noch je zu thun gedacht, ob ich gleich das gethan (vielmehr geschehen lassen), so billig einige üble Gedanken von mir erwecken mag. Ich bin zwar weggegangen, das gestehe ich. Aber ich bin auch nicht weggegangen, indem ich allezeit mit meinem vornehmsten und besten Theil bey Euch geblieben und bleiben werde etc., mit meinem Gemüthe, wenn auch der Leib gewichen. Um aller furchtsamer Gedanken, daß Eure Liebe dennoch an meiner Treue zweifeln könnte, los zu werden, habe ich jetzt unter einem Uebermaß von Geschäften etwas Zeit abgebrochen, diese Zeilen an Euch zu schreiben; sonderlich da man so wenig Boten hat, und wenn man ihrer gleich hätte, sie doch, wenn man nichts davon weiß und viel zu thun hat, ebenso ansehen muß, als wenn sie seltsam wären. Lasset mich Euch bestens empfohlen seyn und vertrauet meiner innigen Liebe zu Euch. Die habet Ihr ganz und ich habe sonst nichts zu geben. Eure Großmuth erwartet auch nichts anderes von mir, denn was des Geistes ist, das ist, Eines Sinnes zu sein im Herrn, daß Ein Gott und Eine Seele sei, wie Ein Glauben im Herrn. — Daß ich aber so stumm wegreisete, darf Euch nicht befremden. Es blieb fast meinen Klosterbrüdern ganz verborgen. Zum Schreiben bekam ich leider keine Zeit. Nun bin ich also nach Gottes Fügung und Zulassung in Wittenberg und ergeht es mir Gottseidank wohl. Nur macht mir das philosophische Studium Pein und Verdruß. Ich hätte dasselbe lieber gleich anfangs mit der Theologie vertauscht, nemlich derjenigen Theologie, welche nach dem Kern der Nuß und des Weizens strebt und aus den Beinen das Mark heraussucht. Aber Gott ist Gott: der Mensch betrügt sich allezeit in seinem Urtheil. Das ist unser Gott, der uns freundlich leite bis in Ewigkeit etc. In höchster Eil geschrieben und gehabt Euch wohl! Wittenberg im Jahre des Herrn 1509, Sonnabend nach Oculi. Bruder Martin Luther Augustiner."

„Gott schickets wunderlich wider aller Menschen Gedanken, daß ich von Erfurt gen Wittenberg mußte, deponirte mich wohl."

„O wie furchte ich mich vor dem Predigtstuhl! Mußte erstlich im Refectorio den Brüdern predigen."

Melanchthon: Weil der hochwürdige Mann Staupitz, der die Wittenberger Akademie wesentlich gründen geholfen hatte, das theologische Studium auf dieser neuen Universität zu förbern trachtete, zog er Luther, dessen Begabung und Gelehrsamkeit er genau kannte, im Jahre 1508 nach Wittenberg. Hier begann der Geist unsres Doctors bey den täglichen Übungen in den Schulen und Versammlungen heller zu leuchten. Weise Männer hörten ihn aufmerksamst und Mellerstadt prophezeite manchmal, dieser gewaltige Kopf werde noch die ganze damalige Lehrart aus den Angeln heben. Fürs erste trug er die Dialektik und Physik des Aristoteles vor, pflegte jedoch daneben seine theologischen Studien fort.

Myconius über die Klosterkapelle, worin Luther zuerst, auf Zureden des Dr. Staupitz, nach längerem zaghaftem Weigern, predigte: die Klosterkirche war noch nicht fertig. Man hatte nur ein altes Kapellchen von Holz, mit Lehm geklebt, sehr baufällig, und auf allen Seiten gestützt, etwa 30 Schuh lang und 20 breit. Auf der kleinen, rußigen Empore konnten 20 Menschen zur Noth stehen. An der Wand gegen Mittag war ein Predigtstuhl aus mürben ungehobelten Brettern, anderthalb Ellen hoch über der Erde. In Summa, es hatte allenthalben das Ansehen, wie die Maler den Stall zu Bethlehem malen, darin Christus geboren ward. In dieser armen, elenden Kapelle hat Gott nun Sein heiliges Evangelium und das liebe Kindlein Jesum lassen aufs Neue geboren werden, auswickeln und aller Welt zeigen. Es war kein Münster noch große Hauptkirche auf Erden, deren doch viele Tausend waren, die Gott hierzu erwählet hätte. Bald jedoch wurde dieses Kirchlein zu enge und es ward Luthero hernach befohlen, in der Pfarrkirche zu predigen; und also wurde das Kind Jesus auch in den Tempel gebracht.

Berufung nach Wittenberg: Hochschule, von Friedrich dem Weisen 1502 gegründet; unter den Einfluß des Augustinerordens gestellt; dessen Heiligen, Maria und Augustin, gewidmet (Patron der theologischen Facultät St. Paulus, ihr erster Dekan Dr. Staupitz); mit dem Augustiner= kloster in Wittenberg (1506 stattlich erweitert) engstens verbunden, so daß dessen Convent, großenteils aus Tübingen rekrutirt, seine besten Lehrkräfte liefern sollte; der berühmte Pollich von Mellerstadt Rector, 1507 Trutvetter aus Erfurt gewonnen; dem Humanismus geneigt, aber ohne Spitze gegen Rom; nicht mehr nur eine freie wissenschaftliche Korporation, sondern — dies das Neue — staatliche Bildungsanstalt.

Städtchen, circa 3000 Einwohner, dürftig, schlecht gebaut („man sitzt zu Wittenberg in einem Schindeleich"), Bevölkerung rauh („sie stehen an der Grenze der Zivilisation, zur Barbarei nur noch ein Schritt").

Luthers Berufung sicher von Staupitz veranlaßt und ohne viel Rück=
sprache mit Erfurt raschestens vollzogen; im Unterschiede von den heutigen Voca·
tionen einfache Folgeleistung, am wenigsten durch Fragen des Honorars gehemmt.
Bei dem Ausdruck „deponirte mich wohl" muß an Widerlichkeiten, die man
ihm anfangs bereitete, gedacht werden: „Depositionen" waren zu jener Zeit
etwas, wie jetzt „Fuchsenstöße", halb lustige, halb ernstliche Quälereien, die
der Ankömmling auf einer Universität, bevor ihn seine Kommilitonen als
ebenbürtigen civis academicus anerkannten, zu prästiren hatte.

Erstes Weilen und Wirken: Wohnung, Verköstigung 2c. im
Kloster; zunächst philosophischer Dozent, wenn auch ungerne, namentlich was
die Physik des Aristoteles, den er nur in der lateinischen Uebersetzung lesen
konnte, betrifft; um den ersehnten Uebertritt zur theologischen Facultät anzu=
bahnen, bewirbt sich Luther um den biblischen Baccalaureus („9. März 1509"
zur Bibel zugelassen) und Herbst 1509 um die weitere Stufe, den „Senten=
ziarius" ( d. h. zugelassen zu Vorlesungen über die Sentenzen, 4 dogmatische
Bücher des Scholastikers Petrus Lombardus). Letztere Promotion kam erst
in Erfurt, unter Schwierigkeiten, zum Austrag.

Rückberufung nach Erfurt: warum und wozu, nicht aufgeklärt;
Interstitium von 3 Semestern. Ebenso wenig hat man über die Rückver=
setzung nach Wittenberg, welche dann zur endgiltig bleibenden Ansieblung
daselbst wurde, nähere Nachrichten.

Daß Luthers Lehr= und Predigtweise von Anfang an in Wittenberg
nicht nur großes Aufsehen überhaupt, sondern bereits den Verdacht einer
das bisherige System bedrohenden Neuerung erregte, daß er auch selber den
Widerspruch seiner innersten Richtung gegen herkömmliche Satzungen stärker
anklopfen hörte, besagen viele Zeichen: jedoch ebensoviele, daß er sich stets
gegen solche Regungen mit Macht wehrte. Das Feuer, das in seiner Seele
der prophetisch=apostolische Spruch, „der Gerechte wird seines Glaubens leben",
angezündet hatte, dämpfte noch in Dornen.

Großmächtigste Philosophei,
Wie wenig Wolle, desto mehr Geschrei!
Lehrst Alles außer dem, was noth
Vor allem: wie zum Leben aus dem Tod?

Durchlauchtigste Philosophei,
Du gleichest, wie dem anderen ein Ei,
Dem schwanken Rohr im wüsten Sand,
Vom Wind geschaukelt, leer an Mark, voll Tand!

Armseligste Philosophei,
Gieng lang zu dir hinaus, nun ists vorbei:
Mein Herz den Hain mit Palmen sucht,
So kühlen Schatten leih'n und süße Frucht.

## 1511—1512.

Anno 1511 sendet unsern Santeaziarium sein Convent in Klostersgeschäften gen Rom. Da siehet er den heiligsten Vater, den Papst, und seine gülbene Religion und ruchlosen Curtisanen und Hofgesinde; welches ihn hernachmals wohl gestärket hat, da er so ernstlich wider die römischen Greuel und Abgötterei schrieb. Wie er sich an seinem Tisch oft hat vernehmen lassen, er wollte nicht tausend Gulden dafür nehmen, denn er hätte Rom gesehen. Denn als er allda seine Freunde mit seinem Meßopfer erlösen wollte, wie deßmals Jedermann glaubete, und sehr andächtig und langsam seine Meß hielt, so daß neben ihm auf einem Altar sieben Messen verrichtet wurden, ehe er einmal fertig ward, sagten ihm die römischen Meßknechte: passa, passa, fort, fort, schick unser Frauen ihren Sohn bald wieder heim! Andere lassen sich über Tisch hören, was etlicher Romanisten Worte wären, damit sie ihr Brod und Wein conficirten, nemlich: panis es et panis manebis, vinum es et vinum manebis (du bist Brod und wirst Brod bleiben; du bist Wein und wirst Wein bleiben). .

„Mir und meinem Bruder (dem Reisegefährten Johann von Mecheln) widerfuhr dies, da wir gen Rom zogen in Italien, und einmal die ganze Nacht mit offenen Senstern sehr hart schliefen bis um sechs Uhr. Da wir erwachten, waren uns die Köpfe voller Dunst, ganz schwer und ungeschickt, also daß wir desselben ganzen Tages nur eine Meile konnten gehen. So plagte uns der Durst und eckelte uns für dem Wein, daß wir ihn auch nicht riechen konnten, begehrten immerfort Wasser zu trinken, welches doch tödtlich ist. Endlich, dem Rathe unseres Wirthes folgend, labeten und erquicketen wir uns wieder mit zweien Granatäpfeln; dadurch erhielt uns Gott das Leben."

„Italien ist ein sehr fruchtbar, sein Land; sonderlich Lombardie ist ein Thal, zwanzig deutscher Meilen Wegs breit, mitten dadurch fleußt der Sridanus, gar ein sehr lustig Wasser, so breit als von Wittenberg gen Brate ist, auf beiden Seiten sind die Alpen und Apenninusgebirge."

„Italiener verachten und verdammen andere Nationen, da sie doch vor Gott ein Greuel sind, gottlos und hoffährtig. Ihr Sasten ist scheinbarlicher und besser, denn unsere herrlichsten Mahlzeiten. Ihre Kleidung ist köstlich, halten sich reinlich. Tragen wir ein Ellen Sammet für 1 Gulden, tragen sie ein Ellen für 0 Gulden. Ihre Keuschheit ist wie Sodoms, der Ehe achten sie nichts etc. Halten über menschlicher Gemeinschaft nicht, kommen nicht frei zusammen', keiner trauet dem andern, gestatten auch nicht, daß Jemand öffentlich rede mit ihren Weibern oder sie anspreche, eifern heftig, lassen ihre Weiber nicht ausgehen unverhüllet, nur am St. Gregoriitag einmal im Jahr haben sie diese Freiheit und freuen sich derselben. Für St. Antonius und Sebastian fürchten sie sich mehr als für dem Herrn Christo, Der freundlich und gütig ist; und solches um der Plage willen. Darum, wenn Einer sein Haus will sicher haben, daß die Waben nicht daran prünkeln, läßt er dran malen St. Antonius mit einem feurigen Spieß. Also lebt Italien ohne Gottes Wort, in großem Aberglauben und Abgötterei, gläubt weder der Todten Auferstehung noch ein ewiges Leben, fürchtet sich nur allein vor zeitlichen und leiblichen Plagen. Die Meßpfaffen sind un-gelehrte Pfaffen, die weder die lateinische noch ihre Muttersprache recht verstehen."

„Weil mich unser Herr Gott in den häßlichen Handel und Spiel bracht hat, wollte ich nicht hunderttausend Gulden dafür nehmen, daß ich nicht auch Rom gesehen hätte. Ich müßte mich sonst immer be-sorgen, ich thäte dem Papst Gewalt und Unrecht; aber was wir sehen, das reden wir. Da ichs erst sahe, fiel ich auf die Erde, hub meine Hände auf und sprach: Sei gegrüßet, du heiliges Rom, ja rechtschaffen heilig, von den heiligen Märtyrern und ihrem Blute, das da vergossen ist. Aber sie ist nun zerrissen, und der Teufel hat den Papst, seinen Dreck, darauf geschissen. Da sagte der Licentiat von Magdeburg (Libo-rius, der zugleich mit Spalatin dortmals bey Luther zu Gast gewesen), diese Prophezei wäre zu Rom lange Zeit gewest, nemlich: es muß brechen. Item der Traum des Barfüßermönchs, den Doctor Staupitz anno 1511 zu Rom gehört hat, nemlich es würde ein Eremit unter dem Papst Leone aufstehen und das Papstthum angreifen etc. Das haben wir (L.) zu Rom noch nicht können erkennen. Wir sahen dem Papst ins Angesicht, jetzund sehen wir ihm ins Hintertheil, außer der Majestät. Und ich D. M. Luther habe damals nicht gedacht, daß ich derselbe Eremit seyn sollte; denn Augustinermönche werden auch Eremiten ge-nannt." — L. erzählte viel von den alten Trümmern Roms, in denen er sich vier Wochen lang mit Lebensgefahr umgetrieben habe, vom Capitol, Quirin, tarpeischen Felsen, vom Theater, von den Thermen Diocletians — ach da sind der Welt Schätze und Reichthümer gewest, hier thaten sie, wonach sie gelüstete.

„In Rom ist ein trefflich hart Regiment. Denn der Parasel, der Hauptmann und Richter, reitet alle Nacht mit dreihundert Dienern in der Stadt umher, hält die Schaarwache stark. Wen er auf der Gasse verwischet, der muß herhalten; hat er eine Wehre bei sich, so wird er entweder gehänget oder ertränket oder in die Tiber geworfen oder gefoltert. Ein wüstes Leben und Morden ist allda. Niemand gläubt, was für Büberei, gräuliche Sünde und Schande dort gehen. Man kanns keinem bereden, was für große Bosheit da ist, er sehs, hörs und erfahrs denn selber. Daher sagt man: Ist irgend eine Hölle, so muß Rom darauf gebaut seyn. Denn da gehen alle Sünden im Schwang: nicht der bettlerische Geiß, sondern der blinde Geiß, manch Gottes Verachtung, greuliche Abgötterei, sodomitische Laster etc. Tiberius, der heidnische Kaiser, ob er wohl ein Unflath war, wie Suetonius schreibet, ist noch ein Engel gegen dem jeßigen Wesen des römischen Hofs: derselbe hatte zum Nachtmahl fürm Tische zwölf nackige Mägdlin stehen. Ich habs augenscheinlich sehen müssen, wie die Päpste und Bischöfe die Welt deludiren. Denn Judas Strick wäre auch für Heiligthum zu Rom gewesen. Dieses soll man nicht vergessen, auf daß man betrachte, welche Sinsterniß auf unsern Vorfahren gelegen."

„Was für ein Gepräng, wiewohl die Stadt ein todtes Aas geworden! Der Papst triumphirt mit hübschen geschmückten Hengsten, die für ihm herziehen, und er führet das Sakrament, ja das Brod, auf einem hübschen weißen Hengst. Nichts ist da zu loben, denn das Consistorium und Curia rotae, da die Händel und Gerichtssachen fein rechtmäßig gehört, erkennt und geörtert werden."

„Mir geschah zu Rom, da ich auch noch ein so toller Heiliger war, lief ich durch alle Kirchen und Paläste, gläubte Alles, was daselbst erlogen und erstunken ist. Ich habe auch wohl eine Messe oder zehn zu Rom gehalten, und war mir dazumal schier leid, daß mein Vater und Mutter noch lebeten. Denn ich hätte sie gerne aus dem Segfeuer erlöset mit meinen Messen, und andern trefflichen Werken und Gebeten mehr. Es ist zu Rom ein Spruch: selig ist die Mutter, deren Sohn am Sonnabend zu St. Johannis eine Messe hält. Wie gerne hätte ich da meine Mutter selig gemacht! Aber es war zu drange und konnte nicht hinzukommen, und aß einen rustigen Hering dafür."

„Ich wollte in Rom, was ich schon in Erfurt zweimal versucht hatte, durch eine Generalbeichte mich erleichtern und frömmer werden, fand aber dort ganz ungeschickte Leute, welche mich mehr verleßten, als erbauten."

„Daselbst ist eine solche Entheiligung der Messe, daß oft 2 Priester zugleich im Altare, gegen einander stehend, sie halten. Jeder kann in einer halben Stunde, so laufen die Leute herzu, leicht eine handvoll Gulden kriegen. Handwerksmäßig, wirthshausmäßig wirds betrieben, es werden im Hui Messen geschmiedet und also muß das Heiligthum ein Trödelmarkt für den Papst seyn."

„Man findet zu Rom einen Kirchhof, darauf, wie man faget, achzigtaufend Märtyrer und 46 Bischöfe (Päpste) begraben liegen (bey der Kirche des heiligen Calixt)."

„Mich wundert, daß Deutschland noch einen Pfennig hat vor den unaussprechlichen, unzähligen Dieben, Buben, Räubern in Rom. Die Romanisten halten uns nicht anders denn für Bestien und ist in Rom das Sprüchwort: man soll den deutschen Narren das Gold ablochern, wie man kann. Auch spotten und lachen sie unser, daß wir noch der Schrift gläubeten."

„Zu Rom habe ich gesehen in einer großen Gassen, so straks nach St. Peters Münster gehet, öffentlich in Stein gehauen einen Papst, wie ein Weib mit einem Scepter und päpstlichen Mantel, trägt ein Kind am Arme; durch dieselbe Gasse zeucht kein Papst, daß er solch Bild nicht sehen darf. Denn ein Weib mit Namen Agnes, so von Mainz bürtig war, ist etwan von einem Cardinal knabenweise in Engeland geführt und endlich gen Rom bracht. Da ist sie von Cardinälen zum Papst gewählt worden, aber sie ist zu Schanden und offenbar worden, daß sie öffentlich (bey einer Procession) in derselben Gassen ein Kind geboren hat. Es nimmt mich Wunder, daß die Päpste solch Bild leiden können; aber Gott blendet sie, daß man sehe, was Papstthum, eitel Betrug und Teufelswerk."

„Historien von Alexander dem Sechsten. Der habe zwei Söhne und eine Tochter, mit Namen Lucretia, gehabt, mit welcher beide, Vater und Sohn gebuhlet und Blutschande begangen hätten. Ein Bruder hätte den andern um einer Hure willen auf dem Pfade umbracht, und erwürget. Der Cardinal Valentin hätte den andern Herzog zu St. N. erstochen und war Herzog worden und schrieb von ihm: O Cäsar, o nulo, d. h. Kaiser oder Nichts. Darauf bat der Vater Alexander, sammt seinem Sohn, alle Cardinäle, die Columenser, zu Gast und wollte ihnen vergeben mit Gift, so in einer sonderlichen Flaschen zugerichtet war, aus welcher ungefähr dem Papst und seinem Sohne geschenkt und gegeben ward: der Vater starb daran, aber der Sohn soff Baumöl, ließ sich an den Beinen emporhängen und brach den Gift also wieder von sich. Endlich ward der Sohn, nachdem er viele böse, schändliche Thaten begangen hatte, gefangen vom Könige zu Castilien in Spanien, und da man ihn richten wollte, rief er zuvor im Gefängniß: Misericordia (Erbarmen), begehrete zu beichten. Da ließ man einen Mönch zu ihm hinein gehen, der ihn sollte beichten hören. Denselben erwürgete er, zog seine Kappe an und kam also davon. Das hab ich, D. Martinus, zu Rom für gewiß gehört. Also haben sies getrieben."

„Im Bisthum zu Mailand ist seit Ambrosius, dem Kirchenvater, bis auf heute der römische Meßkanon mit Anbetung des Sakraments und Anderem nicht Brauch, sondern bliebs bey der Liturgie des Ambroſius. Als ich daſelbſt auf der Romreiſe mit meinem Bruder Meſſe leſen wollte, litt es der Opferprieſter nicht, indem er ſagte: Was wollt Ihr? Ihr Auguſtiner könnt hier nicht celebriren. Denn wir ſind Ambroſianer." Dr. Luther erzählet eine Hiſtorie, daß, als er a. 1511 wäre von Rom kommen, und in dem Heimwege durch Augsburg gezogen, wäre daſelbſt eine Dirne geweſeu, genannt Jungfrau Urſel. Die hatte vorgegeben, daß ſie nicht äße, tränke noch andere natürliche Leibesnothdurft thäte; und dementirte dieſe Vettel den Kaiſer Maximilianum und alle Fürſten des Reichs, daß ſie gläubten, Urſel äße noch tränke nichts. Und ſagte D. Luther, er habe ſie ſelber geſehen und einen Capellan zu ihr geführt. Er habe auch mit ihr davon disputirt und geſagt: liebe Urſel, möchteſt ebenſogern todt ſein und unſern Herrn Gott bitten, daß Er dich ſterben ließ? O nein, antwortete ſie, hie weiß ich wie es zugehet, dort weiß ich nicht, wie es zugehet. Solches hatte Dr. Luthern ſehr vor den Kopf geſtoßen, darum hat er zu ihr geſagt: Urſel, ſchau nur, daß es recht zugehe. O, ſprach ſie, behüte mich Gott, und nahm mich und den Caplan und führete uns hinauf in ihr Kämmerlein, da ſie ihre Andacht hatte. Da hatte ſie zween Altare ſtehen und darauf zwei Crucifix, die waren mit Harz und Blut alſo gemacht, in Wunden, Händen und Füßen, als tröffe Blut heraus. Aber es war mit ihr lauter Beſcheißerei etc. Man kam ſpäter dahinter etc. Darnach hieng ſie ſich an einen jungen Geſellen und zog mit dem Gelde zum Chor hinaus. In ſolcher Blindheit, läſterlicher Abgötterei und ſataniſchem Spuckweſen hat man unter dem Papſtthum gelebt."

Melanchthon: Drei Jahre nach ſeiner erſten Ankunft in Wittenberg reiſte Luther nach Rom, in ſtreitigen Mönchsangelegenheiten.

So ſehr die Schriften Luthers von Erinnerungen an die Romreiſe wimmeln, zum Beweis, welchen bedeutſamen Eindruck und Einfluß dieſelbe auf den Reformator in verſchiedener Hinſicht ausgeübt, ſo wenig zuverläſſiges Detail iſt uns im Zuſammenhange von ihr aufbewahrt. Mehrfache Beſchreibungen ſind zwar vorhanden, laſſen jedoch theils Lücken, theils geben ſie je und je mehr oder weniger Legendenhaftes.

Veranlaſſung: „ſtreitige Mönchsangelegenheiten", betreffend eine Provincialeintheilung der Auguſtinerklöſter, über welche der Orden uneins geworden; Staupitz, der Provinzial, beauftragte Luther mit ſeiner Vertretung, die der Letztere gern annahm, weil er zugleich in Rom Nahrung und Labung für ſein Gemüth am beſten zu finden hoffte. Dem jungen Gelehrten, läßt ſich ſchließen, traute man auch praktiſches, diplomatiſches Geſchick zu.

Verlauf: Antritt wahrſcheinlich Herbſt 1511, Marſchdauer hin und zurück je ca. 6 Wochen, Aufenthalt in Rom 4—5 Wochen, Wohnung daſelbſt im Kloſter St. Maria del Populo, Heimkehr Frühjahr 1512; bekommt 10

Goldgulden mit, um in Rom einen Abvocaten annehmen zu können; Herberge, Verköstigung ꝛc unterwegs in den Klöstern (soll in einem an den Apenninen den Mönchen wegen ihrer Verstöße gegen die Fastengebote eine Strafpredigt gehalten haben, welche dieselben so grimmig ärgerte, daß er ihren Mord=anschlägen heimlichst und schleunigst entfliehen mußte); in Bologna todtkrank, stärkte er sich an dem Worte des Römerbriefs: Der Gerechte wird seines Glaubens leben.

Erfolg: ein günstiger, denn Staupiz wurde nächstes Jahr aufs Neue zum Generalvicar gewählt und Luther kurz darauf Subprior in Wittenberg.

Bezüglich der Geschichte, welche vielfach ansgeschmückt zu lesen, von der Pilatustreppe, findet sich in der Bibliothek Rudolstadt ein Auto=graph von 1582, worin der Sohn Luthers Paul sagt: sein Vater habe 1544 bei Tisch unter Anderem vom Aufenthalt in Rom erzählt, wie ihm da, während er seine preces graduales in scala Lateranensi (die Gebete von Sprosse zu Sprosse der Lateranischen Leiter) verrichten wollte, jener Spruch bei Habakuk und Paulus (der Gerechte wird seines Glaubens leben), eingefallen sei, wo=rauf er sein Gebet habe bleiben lassen. — Von dieser Treppe berichtet ein Buch aus unsern Tagen: sie steht in der Kapelle Sancta Sanctorum am öst=lichen Ende des St. Johannesplatzes. Von den fünf Treppen nebeneinander, die sämmtlich zu derselben Kapelle führen, soll die mittlere von Jerusalem hergebracht worden sein, wo sie im Richthause durch die Schritte unsres Heilands, als Er vor Pilatus geschleppt wurde, geheiligt ward. Hätte man über diese kostbare Reliquie keine Bretter gelegt, wäre sie längst von den Knieen der unzähligen Pilger, welche sie nur auf den Knieen hinaufrutschen dürfen, zerrieben. An der Wand steht angeschlagen, daß 1) durch eine Bulle Papst Leo's IV. aus dem Jahre 850 neun Jahre Ablaß für jede der 28 Stufen, welche die Gläubigen auf den Knieen berutschen, gewährt sind; 2) daß Pio VI. 1817 erklärt hat, dieselben Indulgenzen seien auch auf die Seelen im Fegfeuer anwendbar; 3) daß der jüngstverstorbene Papst Pio IX. die Wohlthat dieses Ablasses für manche Tage im Jahre auch auf die andern Treppen zur Seite ausgedehnt hat. — Nun läßt sich leicht ausrechnen, daß man mit jedem Hinaufrutschen einen Ablaß von 252 Jahren, mit hundert=maligem Hinaufrutschen Ablaß von 25200 Jahren erreichte. Ein Greis der Nachbarschaft von 70 Jahren soll fast jeden Tag seines Lebens hinaufgerutscht sein, und nahm somit, nur fünfzig Jahre lang je dreihundertmal angenommen, rund 38 Millionen Jahre Ablaß in jene Welt hinüber.

> Sagt an, frägt Luther einen Pfaffen,
> Giebts denn in Rom so viel zu gaffen,
> Daß Ihr nicht müde werden wollt
> Und stets dahin aufs Neue trollt?
>
> „Verzeiht, Herr Doctor, viermal eben
> Bin ich zu Rom gewest im Leben:
> Viermal genügt, viermal thut noth,
> Geh nie mehr hin bis in den Tod."

Wiefo? Aldrts, Freund, mit klaren Worten!
„Wohlan, zum erften fuch' ich dorten
Mir einen Schalk der fchlimmften Art
Und fand ihn auf der zweiten Fahrt:

Zum dritten trug ich ihn heraufer,
Zum vierten habe ich den Laufer
Zurückverbracht, an den Altar
Sanct Peters, wo fein Leibfitz war."

Lacht unfer Doctor gar vergnüglich,
Schenkt voll dem Pfaffen unverzüglich:
„Leer fei das Glas beim vierten Zug,
Viermal thut noth, viermal genug."

———

Ziehft alleweg Furchen in meinem Geift,
O Wunderftadt! Ob man dich herrlich heißt,
Ob fchändlich, — verdieneft wohl beiderlei —,
Du treibeft mit Jeglichem Zauberei.

Wir haben uns, Rom, cinft kennen gelernt,
Und liegen wir manches Jahrzehnt entfernt,
Wir blieben uns nah durchs Gedankenfpiel
Und Eins kann erzählen vom Andern viel.

Du meineft, ich fei der Kater Murr,
Der immerdar gegen dich knurr' und fchnurr'?
Ja deiner Herrfchaft Gegleiß und Gefchmeiß,
Die verfolge mein Haß auf ewig heiß!

Jedoch deine Hügel, dein Thal, dein Fluß,
Holdfelig, empfanget innigen Gruß;
Heil deinem Getrümmer, vom Kreutz des Herrn
Beglänzet, vom fieghaften Morgenftern!

Friede dem Friedhof, dem fchweigenden Feld,
Wo die Märtyrer fchlafen, Held an Held,
Bis des Herzogs Pofaune laut erklingt,
Froh jeder fein blutiges Banner fchwingt!

Ave, du Glöckchen der Heilgenkapell,
Du läuteft ins Herz mir heute noch hell.
So fchwer ich das Treppenwerk auf dem Knie
Gerutfchet hinan, ich vergeffe nie:

Dort raufchte herein in den tiefften Grund
Meiner Seele dies Wort aus Gottes Mund:
„Gerechtigkeit kommt aus Glauben allein,
Glaub', wenn du gerecht willft und felig fein!"

Stand auf, gieng die Leiter aufrecht hinab,
Und eilte frohlockend an meinem Stab,
Des längeften, bängeften Albdrucks los,
In meiner Herberge heimlichften Schooß;

Lag langelang hingegoffen aufs Knie,
Verzückt in den dritten Himmel von hie;
Dein Papst und Pilatus, dein Petersdom,
Du selbst warst entflohen ins Blaue, Rom!

Da rührte der Herr mich mit Seiner Kraft,
Begann mich zu lösen aus Eurer Haft;
Und was ich an Rechtem indeffen that,
Entsproß jener Stunde heiliger Saat.

Weil Sancta Sanctorum in Roma's Leib,
Schon deßwegen waldet mein Zeitvertreib
So viel und so gern in Roma's Revier,
Eins aber erfehn' ich vor Allem ihr:

„Schlag an, du Glocke der Heilgenkapell,
Und läute der steinernen Stadt noch hell:
Gerechtigkeit kommt aus Glauben allein,
Glaub', wenn du gerecht willst und selig sein!"

## 1512.

Nachdem Gott nun dem theuren Mann wieder gen Witten=
berg in sein Kloster half, fähret er da fort mit Stubiren und
Disputiren.

Anno Domini 1512 beschleußt sein Vicarius und Oberster,
sammt dem Convent, Frater Martinus soll in der heiligen Schrift
Doktor werden. Diesen Beschluß hält ihm Dr. Staupitz zu
Wittenberg für, unter einem Baum im Kloster, den er mir und
Andern auf eine Zeit selber gezeiget. Da sich aber Frater Mar=
tinus aufs bemüthigst entschuldiget und unter andern viel Ursachen
diese zum letzten fürwendet, er sei ein schwacher und kranker
Bruder, der nicht lang zu leben habe; man soll sich nach einem
tauglicheren und gesunderen umsehen, antwortete Dr. Staupitz
allein scherzweis auf seine letzte Ursache: „Es läßt sich ansehen,
unser Gott werde bald viel im Himmel und auf Erden zu schaffen
bekommen; darum wird er viel junger und arbeitsamer Doktores
haben müssen, durch die Er Seine Händel verrichte. Ihr lebet
nun oder sterbet, so bedarf Eurer Gott in Seinem Rathe. Darum
folget, was Euch Euer Convent aufleget, wie Ihr mir und dem=
selben auf Euern Profeß schuldig seid zu gehorsamen. Was die
Unkost anbelangt, will unser gnädigster Kurfürst, Herzog Friedrich,
aus seiner Kammer, unsrem Gotte, dieser Universität und Kloster
zu Förderung, aufs Gnädigste darlegen, wie auch geschehen.“

Darauf wird Frater Martinus gen Leipzig abgefertiget,
daß er allda von dem kurfürstlichen Rentmeister solches Geld em=
pfahe. Die halten ihn, nach altem Hofbrauch, so lang auf, daß
er auch Willens gewesen, ohne Geld davonzuziehen, wenn ihn
nicht der klösterliche Gehorsam auf Abfertigung zu warten be=
zwungen hätte. Denn obschon die hohen Herrn ihre Hand oft=
mals gnädigst aufthun, liegt viel an denen, so der Herrn Befehl
exequiren und ins Werk bringen sollen.

Also wird Frater Martinus, auf Befehl seines Vicarii und Convents, und Auflegung des löblichen Kurfürsten zu Sachsen und auf Privilegien und Gewalt Herrn Maximiliani Römischen Kaisers und des Stuhls zu Rom, so für zehn Jahren, jure humano, die Universität bestätiget und confirmirt hatte, zum Doktor der heiligen Schrift zu Wittenberg an St. Lucastag promovirt. Wie er allda öffentlich einen theuren Eid zur heiligen Schrift geschworen und zugesagt, dieselbige sein Leben lang zu stubiren, predigen und den christlichen Glauben mit Disputiren und Schriften wider alle Ketzer zu vertreten, als ihm Gott helfe.

Dieses ordentlichen und öffentlichen Berufs, so ihm von einer bestätigten und löblichen Universität, im Namen und auf Befehl der hohen kaiserlichen Majestät und des Stuhls zu Rom, nach Rath und Beschluß seiner Präceptoren und fürgesetzten geist= lichen Obrigkeit und auf gnädigste Beförderung und Darlag seines Kurfürsten und Landesherrn aufgetragen und auf seinen theuern Eid, den er Gotte, der heiligen Schrift und der Universität zu Wittenberg gethan, — hat er sich oft in großen Nöthen und Kämpfen getröstet und aufgehalten, wenn ihm Teufel und Welt hat wöllen Angst machen, wer es ihm befohlen und wie er's ver= antworten wölle, daß er ein solch Wesen in der ganzen Christen= heit anrichte. Da, sage ich, hat er sich seines ordentlichen Docto= rats und öffentlichen Befehls und theuren Eides erinnert und getröstet, darauf er auch seine (zwar Gottes) Sachen im Namen Christi mit Ehren und zu vieler Leute Seligkeit unerschrocken fortgebracht und mit Gottes Hilfe endlich hinausgeführet hat.

Ach, es glaubens leider heutzutag wenig Leute, daß an einer richtigen Vocation so viel gelegen sei!

„Den hoch und ehrwürdigen Vätern, Prior, Magiſtern und Aelteſten des Erfurter Convents und Ordens der Eremiten St. Auguſtini, Biſchofs, feinen im Herrn hochzuverehrenden Vätern.

Jeſus, Heil im Herrn! Hochwürdige, geliebte Väter! Es nahet St. Lucastag heran, da ich aus Gehorſam gegen die Väter und den ehrwürdigen Pater Vicarius den Doctorſtuhl der Theologie feierlich be= ſteigen ſoll, was Cure Paterheiten aus dem Schreiben des ehrwürdigen Priors in Wittenberg hoffentlich erſehet. Ich will mich jetzt meiner

Untüchtigkeit hiezu nicht viel schuldig erklären, damit es nicht Anschein habe, wie wenn ich aus der Erniedrigung Stolz und Lob suchen möchte. Gott und mein Gewissen weiß es, mit welchen Gefühlen der Unwürdigkeit und Dankbarkeit ich dem hohen Ehrenzeichen entgegengehe. Darum bitte ich vor Allem um Christi willen, daß Ihr mich einmüthiglich Gotte befehlen wollt, welches Theils Ihr Euch als meine Schuldner nach der Liebe Recht wisset, damit Sein heiliger, gebenedeiter Wille mit mir sei. Sodann, daß Ihr mir, falls es Euch möglich, die Ehre schenket, meinem festlichen Aufzuge, wahrhaft zu reden, zur Verherrlichung unseres Ordens und namentlich des Vicariats beizuwohnen. Ich würde mich nicht erkühnen, Euch solche beschwerliche Reise nebst Aufwand zuzumuthen, wenn mir es nicht der hochwürdige Pater Vicarius aufgetragen hätte und ich es nicht selbst für ganz unziemlich und ärgerlich ansehen müßte, zu dieser Ehrenstufe hinanzusteigen, ohne daß Ihr Erfurter benachrichtigt und eingeladen worden wäret etc. Wir werden diese Gefälligkeit mit bestem Danke gut schreiben. Gehabt Euch wohl im Herrn, alle miteinander und jeder einzelne Bruder. Wir befehlen uns und die Unsren Eurem Gebete. Wittenberg am Tage St. Mauritii (22. Sept.) 1512. Bruder Martin Luther, Augustiner."

„Quittung. Ich Martinus, Bruder Einsiedlerordens, bekenne mit dieser meiner Handschrift, daß ich von wegen des Priors zu Wittenberg empfangen habe von dem Gestrengen und Vesten Pfeffinger und Johann Doltzigk, meines gnädigsten Herrn Kamerier (in Leipzig), 60 Gulden auf Sonnabend nach Micha. Franzisci anno Dom. 1512."

„Ich bin dazu berufen und genöthigt worden, daß ich mußte Doctor werden, ohne Dank, aus reinem Gehorsam. Da habe ich meiner allerliebsten heiligen Schrift schwören und geloben müssen, sie treulich und lauter zu predigen. Ueber solchem Lehren ist mir das Papstthum in den Weg gefallen und hat mirs wollen wehren. Darob ist es ihm aber ergangen, wie vor Augen, und soll ihm stets noch ärger ergehen, daß kein Widerstand helfe."

„Du sprichst vielleicht zu mir: Warum lehrest du denn mit deinen Büchern in aller Welt, so doch allein zu Wittenberg Prediger bist? Antwort: Ich habe es nie gerne gethan, thus auch noch nicht gerne, bin aber in solch Amt ernstlich gezwungen und getrieben, da ich Doctor der heiligen Schrift werden mußte, ohne meinen Dank. Da fing ich an als ein Doctor, dazumal von päpstlichem und kaiserlichem Befehl, in einer öffentlichen freien hohen Schule, wie einem solchen Doctor nach seinem geschworenen Berufe gebühret, vor aller Welt die Schrift auszulegen und Jedermann zu lehren. Habe hienach auch, nachdem ich in solch Wesen gekommen, müssen darin bleiben, kann auch noch nicht mit gutem Gewissen zurück oder ablassen, ob mich gleich Papst und Kaiser darüber verbannten. Denn was ich habe begonnen als ein

Doctor, aus ihrem Befehl gemacht und eingesetzt, muß ich wahrlich bis an mein Ende bekennen und kann fort jetzt nicht schweigen noch aufhören, wie ich wohl gerne wollte, gar müd und überdrüßig der großen unleidlichen Undankbarkeit der Leute."

„Hätte ich damals gewußt, was ich jetzt weiß, so sollten mich zehn Rosse nicht dazu gezogen haben."

Melanchthon: Als Luther aus Rom zurückgekommen, ist er nach der Schulen üblicher Art, auf Kosten des Kurfürsten zu Sachsen, mit der Doctorwürde, pflegt man zu sagen, geziert worden. Denn Herzog Friedrich hatte ihn predigen gehört und hiebei die Gewalt seines Geistes, die Nerven seiner Beredtsamkeit und Vortrefflichkeit seiner Ausführungen angestaunt. Luther, dazumalen ins breißigste Jahr eingetreten, kam auf diese Stufe mit reifem Verständniß, mußte jedoch dazu von Staupitz gezwungen werden. Letzterer habe scherzweise gesagt, Gott werde nun bald in Seiner Kirche viel Händel haben und ihn dazu brauchen. Ein Scherz, dem der Erfolg sehr entsprach, wie den kommenden Dingen öfters Ahnungen vorausgehen.

Veranlassung: Staupitz, von seinen Ordensgeschäften mehr und mehr beansprucht, legte die theologische Professur in Wittenberg nieder und bestimmte Luther zu seinem Nachfolger. Zu diesem Zweck mußte der Letztere promoviren.

Promotion: Zunächst war die Lizentiatur, d. h. Erlaubniß, um das Doktorat einzukommen, erforderlich, und mit ihr ein Eid verbunden, die Wahrheit, welche das Evangelium enthält, nach Kräften immerdar zu vertheidigen und lehren. Dies hatte Luther daher vorherrschend bei seinen betreffenden Aeußerungen im Auge. Der Eid beim Doctorat lautete dahin: „Ich schwöre dem Herrn Decan und den Magistern der theologischen Facultät Gehorsam und schuldige Ehrerbietung; ferner, daß ich allüberall den Nutzen der Universität und besonders der theologischen Facultät möglichst befördern, diesen Grad nicht wiederholen, eitle fremdartige Lehren, die von der Kirche verdammt sind und fromme Ohren verletzen, nicht lehren, sondern einen sie Lehrenden innerhalb von acht Tagen dem Herrn Decan anzeigen, daß ich die Gewohnheiten, Freiheiten und Privilegien der theologischen Universität nach bestem Können aufrecht erhalten werde, so wahr mir Gott helfe und die heiligen Evangelisten." Im Unterschiede von den andern Universitäten war in Wittenberg vom Gehorsam gegen den Papst keine Rede. Den 18. Okt. begannen die Feierlichkeiten mit einer Disputation unter dem Vorsitz Carlstadts, des abtretenden Decans, in Anwesenheit eines großen Auditoriums Nachmittags 1 Uhr. Am 19. Okt. Morgens die Proklamation in der Stifts- oder Allerheiligenkirche, wobei der Promotor und Promovirende kurze Reden hielten; sodann Abnahme des Eides und Ueberreichung der Doktorinsignien, des Hutes (Barett's, das Luther jedoch erst nach Ablegung der Mönchskappe gebrauchte) und Ringes; drei Tage hernach Einführung in den Senat.

Zur Quittung: hat sich glücklich aufgefunden, papistische Verleumbung
gen zu strafen (Staupitz habe die Summe, welche von einer Dame fürs
Doctorat einem andern Mönche gespendet worden, unterschlagen 2c.).

Der Birnbaum an des Klosters Mauer
Kann zeugen von dem bangen Schauer,
Der meine Brust geschüttelt hat,
Wie Staupitz kam aufs Doctorat.

Dort saßen wir, der edle Pater,
Und ich sein Sohn, der dürftge Frater;
Die Zweige beugten sich vor Blust,
Die Staaren zwitscherten vor Lust.

Nach seiner stätig holden Weise
Sieht er mich an und sagts mir leise;
Dann lächelt er, als ob dem Gruß
Ich zittre, heißt mich Hasenfuß;

Und als ich ruf: „wollt meinem Leben
Den Todesstoß im Ernst Ihr geben?"
Spricht er gelassen: „seis darum,
Gott braucht in diesem Säculum,

Das Händel bringt von allen Sorten,
Handlanger hier sowohl als dorten!"
Am Ende drückt er meine Hand
So treu, daß ich entwaffnet stand;

Und ward hierauf in wengen Tagen
Zum Doctor feierlich geschlagen;
Man reichte mir den Hut und Ring,
Meinthalber beides eitel Ding:

Der Eid jedoch, den ich geschworen,
Tönt himmelskräftig meinen Ohren:
„Die heilge Schrift, bei Gott, allein
Soll mein Panier und Leitstern sein!"

Das will ich, weil ich muß, erfüllen,
Darf mich in diesen Mantel hüllen,
Wenn Papst und Kaiser, Höll und Welt
Auf meine Seele Treibjagd hält.

Gottlob, ich arme Menschenmade,
Bin, was ich bin, aus Gottes Gnade:
Nimm, Doctor, ungern oder gern,
Den Kelch und predig' deinen Herrn!

# 1512—1517.

Jetzo, nachdem unser Mann ein ordentlich berufener Doktor der heiligen Schrift ward, nahm er sich der Biblia Gottes mit Ernst an und liest aufs Neue sie durch mit höchstem Fleiße, zieht ferner die alten Väter und Kirchendoctoren zu Rath, wie er die Text in der Schrift verstehen und also auslegen könnte, daß dieselben dem Glauben an Christum, sowie der apostolischen Regel und Maßstab ähnlich und gemäß seien und Christum erklären; vermahnet getreulich zur heiligen Schrift, dieweil man allein aus der Propheten und Apostel Wort Jesum für unser einige Gerechtigkeit erkennen könne. Hienach fäht er auf Befehl seines Obersten auch an zu lesen, greifet insonderheit zum Psalter und St. Pauli Episteln, handelt führnehmlich den Artikel, ob man den rechten Glauben, christlich zu leben und selig zu sterben, aus der heiligen Schrift holen mag, oder aus dem gottlosen Heiden Aristoteles, daraus die Schullehrer die römische Kirchen- und Klosterlehr erhalten wollten.

Dermaßen lernt und lehret Luther, als ein erwählter Doctor der heiligen Schrift, bei der er mit breitem Fuß, beständigem Herzen und freudigem Bekenntniß geschworen zu verharren, Gottes Bibliam durchbuchstabiren; kam auch hiebei von Tag zu Tag ins ABC des Worts tiefer hinein und in demselben voran.

„Kaum war ich Doctor, hab ich den Psalter und Briefe St. Pauli gelesen."

„Wiewohl ich dem Befehle noch nicht nachgekommen, meine Vorlesungen über die Psalmen ausgehen zu lassen, will ich nun, da ich über den Paulum nicht mehr lese, diesem Werk mich ganz ergeben. Keinenfalls dürfen dazu fürnehme Lettern, was Ihr vorzuhaben scheint, genommen werden, sondern die geringsten: denn diese Schriftstücke werthens von Weitem nicht, sind ein Gesudel, das besser von einem Schwamm weggewischt werden sollte." (Brief an Spalatin v. 26. Dez. 1516.)

„Wir sollen die Psalmen also lesen, als giengen sie gerade uns an, auf daß wir daraus gebessert, unser Glaube gestärket und in allerlei

Nöthen unfer Gewiffen mögen getröfted werden. Denn der Pfalter ift nichts andres, als eine Schule für unfer Herz und Gemüth, als wie daffelbe geſinnt und geneigt ift oder feyn foll. Darum lieſt ihn ohne Geiſt, wer ihn ohne Glauben liefet."

„Man hat in vergangenen Jahren faſt viel Legenden von den Heiligen, Exempelbücher und Hiſtorien umhergeführet und die Welt damit erfüllet, daß der Pfalter dieweil unter der Bank und in folcher Sinſterniß lag, daß man nicht wohl Einen Pſalm recht verſtund, und doch fo trefflichen, edlen Hauch von ſich gab, daß alle frommen Herzen auch aus den dunklen Worten Andacht und Kraft empfunden, und das Büchlein darum lieb hatten. Ich halte aber, daß kein feiner Exempel und Legendenbuch auf Erden kommen fei, noch kommen mag, denn der Pfalter ift. Denn hier finden wir nicht allein, was ein oder zwei Heilige gethan, ſondern was das Haupt felbft aller Heiligen gethan hat und noch alle Heilige thun: wie fie gegen Gott, gegen Freund und Feind fich ftellen, wie fie fich in aller Gefahr und Leiden halten und fchiden etc. Und follte der Pfalter fchon deßhalb theuer feyn, weil er von Chriſti Sterben und Auferſtehen fo natürlich verheißet, und Sein Reich und der ganzen Chriſtenheit Stand und Wefen vorbildet; daß er wohl möchte eine kleine Biblia heißen, darinnen Alles aufs Schönſte und Kürzeſte gefaſſet und zu einem feinen Enchiridion oder Handbuch bereitet ift; daß mich dünkt, der heilige Geiſt habe felbft wollen die Mühe auf fich nehmen und eine kurze Bibel und Exempelbuch von der ganzen Chriſten·heit oder allen Heiligen zufammenbringen, auf daß, wer die ganze Biblia nicht lefen könnte, hätte hierinnen doch faft die ganze Summa verfaffet in ein klein Büchlein."

„Die fieben Bußpfalm mit deutfcher Auslegung nach dem fchrift·lichen Sinne, zu Gottes und Chriſti Gnaden, neben fein felbft wahren Erkenntniß, gründlich gerichtet.

Allen lieben Gliedmaßen, die dies Büchlein lefen.

Gnade und Friede von Gott. Daß nit Jemand Wunder habe, lieben Freunde Chriſti, von dem Text diefer fieben Pſalmen, ift zu wiſſen, daß derfelbe in etlichen Verfen um klärern Verſtandes willen über die gemeine Translation, nach der Translation Sancti Hieronymi genommen ift, auch dazu beholfen die Translation Doctoris Johannis Reuchlin in feiner hebräifchen Septene. Die Gloſſe aber und die Auslegung wie·wohl fie vielleicht neu oder auch nit fchriftlichen Sinnes innhaltend von Etlichen mag angefehen werden, hat es mir doch nit geziemet, fo nieder die Chriſten zu achten oder zweifeln, daß Chriſtus alfo nah bey ihnen fei, Er werde ihnen wohl fagen, wie fie das Alles richten follen. Meine Vermeßenheit aber, die Pfalmen auszulegen, fonderlich ins Deutfche, befiehl ich frei in eins Jeglichen Gutdünken zu urtheilen. Denn nit mir noch dir fundern Gott allein Lob und Ehre ohn Ende Amen. Sr. Martinus Luder Augustiner zu Wittenberg 1517."

Vorrede zur 2. Ausgabe der sieben Bußpfalmen von 1625: „Unter meinen ersten Büchlein ließ ich dazumal auch ausgehen die sieben Buß- pfalmen mit einer Auslegung. Und wiewohl ich noch nichts Schädliches darin gelehret finde, so ist doch oftmals des Textes Meinung gefehlet. Wie denn am ersten Ausflug allen Lehrern zu geschehen pfleget, auch den alten heiligen Vätern, welche, wie Augustinus von sich bekennet, im Schreiben und Lehren sich täglich gebessert haben. Also war dies Büchlein dazumal, da nichts Bessers auf dem Plan war, gut genug und angenehm. Nun aber das Evangelium auf den Mittag gekommen, helle leuchtet, und ich auch seit der Zeit, Gottlob, weiter gekommen bin, habe ich es vor gut angesehen, dasselbe wieder auszulassen, besser zugerichtet und auf den rechten Text baß gegründet. Befehle hiemit alle Leser der Gnade Gottes. Amen."

„Laß dich den Namen Epistel nicht irren, es ist das bloße Evange- lium alles, was St. Paulus in seinen Episteln schreibet, wie ers selbst nennet Röm. 1, 1 und 1 Cor. 4, 15. Ja, ich darf sagen, daß in St. Pauli Episteln das Evangelium klärer und lichter ist, denn in den vier Evange- listen. Denn die vier Evangelisten haben Christi Leben und Worte be- schrieben, welche doch nicht verstanden sind, bis nach der Zukunft des heiligen Geistes, der Jhn verklärete, wie Er selbst sagt. Aber St. Paulus schreibet nichts von dem Leben Christi, druckt aber klar aus, warum Er kommen sei und wie man Sein brauchen soll. Was ist das Evange- lium anders, denn die Predigt, daß Christus habe Sich Selbst gegeben für uns, daß Er uns erlöset von Sünden, daß alle, die das gläuben, sollen gewißlich auch erlöset seyn? Und also an ihnen selbst verzweifeln, sich nur allein an Christo halten und auf Jhn verlassen. Welches ist gar eine liebliche, tröstliche Rede, gehet auch wohl ein in solche an ihnen selbst verzagte Herzen. Darum heißt Evangelium auf deutsch eine süße, gute, gnädige Botschaft, die ein betrübt, erschrocken Herz erfreuet und erhebet."

„Die Epistel St. Pauli an die Römer ist das rechte Hauptstück des neuen Testaments, und das allerlauterste Evangelium, welche wohl würdig und werth ist, daß sie ein Christenmensch nicht allein von Wort zu Wort auswendig wisse, sondern täglich damit umgehe, als mit täg- lichem Brod der Seele. Je mehr sie gehandelt wird, je köstlicher sie wird und baß schmecket."

„Mit einem brennenden Verlangen, Paulum zu erfassen, war ich an den Römerbrief gegangen, aber gleich im ersten Capitel (1, 17) wider- stand mir das Wort: Gottes Gerechtigkeit wird im Evangelio geoffenbart. Jch haßte nemlich das Wort „Gottes Gerechtigkeit", weil ich nach An- weisung der früheren Lehrer es von der Eigenschaft des heiligen Gottes verstand, wonach Er die Sünder und Ungerechten straft. Obwohl ich nun als ein tadelloser Mönch lebte, sagte mir doch mein unruhiges Gewissen, daß ich vor Gott ein Sünder sei und deßwegen haßte ich einen gerechten und die Sünden strafenden Gott. Mit einem gewissen Murren gegen Gott dachte ich bey mir: ists denn nicht genug, daß die armen und der Erbsünde wegen ewig verlorenen Sünder durch das Gesetz Mosis mit Jammer aller Art geplagt worden? Muß Gott durch das Evangelium noch neuen Schmerz verursachen, auch durch das Evangelium uns Seine Gerechtigkeit und Seinen Zorn vorrücken? So knirschte ich innerlich bey meinem verwundeten Gewissen und kam doch immer wieder auf jene Stelle zurück, weil mir Alles daran lag, zu begreifen, was Paulus dort sagen wollte? Endlich als ich so Tag und Nacht sann, leitete mich Gottes Erbarmen auf den Zusammenhang der Worte mit dem folgenden Satz: „Der aus Glauben Gerechte wird leben." Ich fieng an zu verstehen, daß Gerechtigkeit Gottes hier diejenige sei, in welcher der Fromme als einem durch den Glauben ihm gewordenen Geschenke Gottes lebt. Ich sah, daß der Sinn der Stelle sei, durch das Evangelium werde diejenige Gerechtigkeit Gottes offenbart, mit welcher der barmherzige Gott die Glaubenden gerecht macht. Denn das meint: der aus Glauben Gerechte wird leben. Nun fühlte ich mich wie neugeboren und glaubte im Paradiese zu seyn. Die ganze Schrift sah mich anders an. Und jetzt durchlief ich sie und suchte nach ähnlichen Ausdrücken, um mein Verständniß der Worte „Gerechtigkeit Gottes" damit zu belegen. War mir vorher jenes Wort ein verhaßtes gewesen, so umfaßte ich es nun mit innigster Liebe. Jene Stelle bey Paulus erschien mir als die Pforte des Paradieses. Und dies mein Verständniß fand ich dann ganz unverhofft bestätigt durch Augustin. Bey ihm las ich: die Gerechtigkeit Gottes ist diejenige, mit welcher Gott uns bekleidet, wenn Er uns gerecht macht. Das war zwar noch nicht ganz genau geredet, indem es nicht deutlich sagte, daß Gott uns die Gerechtigkeit Christi anrechnet; aber mir that doch wohl, daß auch hier eine Gerechtigkeit Gottes gelehrt ward, durch die wir gerecht werden."

„Es ist ja die Gerechtigkeit des Gesetzes und der Menschen ein trauriger Dienst, dergleichen man über die Todten hält, voll Schmerzen und Mühen. Des Glaubens Herrlichkeit aber ist ein Dienst der Lebendigen und Fröhlichen, über Christum, Der da lebt und regieret, und Der unsere Herrlichkeit und Leben ist etc.

„Wiewohl mir nicht geziemet, von den heiligen Vätern zu judiciren und urtheilen, denn gegen ihnen gehalten bin ich ein Würmlein; doch, je mehr ich ihre Bücher lese, je mehr werde ich geärgert, denn sie sind dennoch Menschen gewesen und ihre Autorität hat die Schriften der Apostel unterdrückt und verkleinert. Daher durften die Papisten unverschämt sagen: was Schrift, Schrift! Man muß die heiligen Väter

lefen, die haben den Honig aus der Schrift gesogen und gezogen; die
heilige Schrift ist wie ein großer, wüster, verworrener Klumpen etc.
Aber siehe Matth. 17, 5. Joh. 8, 61 etc. Die lieben Väter haben auch
ihre Mängel gehabt. Vor allen diesen Lehrern gefällt mir St. Augustinus,
der ernfteste, tapferste, reineste, der große, treffliche Doctor, alles Lobens
werth. Wiewohl er eine kleinere Gemeine und Kirchspiel gehabt, hat
er doch rechtschaffen gelehret und seine Bücher mit christlicher Demuth
der heiligen Schrift unterworfen. Mit Hilario hat er unter den Vätern
am deutlichsten und hellesten geschrieben. Wenn er über die Streitig-
keiten jetziger Zeit richten sollte, würde er, glaube ich gewiß, ganz auf
unsrer Seite stehen."

Un Spalatin 1516: „Wenn Ihr Luft habt, eine lautere, gründliche
der alten ganz gleiche Gottgelahrtheit zu lesen, die in deutscher Sprache
geschrieben, so könnt Ihr Euch die Predigt Johann Taulers, des Prediger-
ordens, schaffen, davon ich Euch hier einen kurzen Auszug schicke. Denn
ich habe weder in der lateinischen noch deutschen Sprache eine heil-
samere Theologie gesehen, die mit dem Evangelio besser übereinkäme.
So schmecket und sehet, wie freundlich der Herr sei, wenn Ihr vorher
erst geschmecket und gesehen habt, wie bitter Alles sei, was wir sind.
Gehabt Euch wohl und betet für mich! Br. M. Luther."

„Ich weiß zwar, daß Johann Taulerus in den Schulen der Theo-
logorum gar unbekannt und viel verächtlich ist, aber ich habe darin,
obgleich sein Buch in deutscher Sprache geschrieben ist, mehr von
gründlicher und lauterer Theologie gefunden, als man bey allen Schul-
lehrern auf allen Universitäten gefunden hat oder in ihren Sententiis
finden kann."

Vorrede zur ersten, stückweisen Herausgabe der deutschen Theologie
(„Ein geistliches, edles Büchlein vom rechten Unterschied und Verstand,
was der alte und neue Mensch sei etc.") v. 1516: „Zuvor vermahnet
dies Büchlein alle, die das lesen und verstehen wollen, sonderlich die von
Gottes Vernunft und sinnreichem Verstand seyn, daß sie zum ersten Mal
nicht sich selbst mit geschwindem Urtheil übereilen. Denn es in etlichen
Worten scheinet untüchtig oder aus der Weise gewöhnlicher Prediger
und Lehrer zu reden. Ja, es schwebt nicht oben, wie Schaum auf dem
Wasser, sondern es ist aus dem Grunde des Jordans von einem wahr-
haftigen Israeliten erlesen, welches Namen Gott weiß und wer es
wissen will. Denn diesmals ist das Büchlein ohne Name und Titel
funden, aber nach möglichen Gedanken zu schätzen, ist die Materie fast
nach der Art des erleuchteten Doctors Tauleri, Predigerordens. Nun,
wie dem allen, das ist wahr, gründliche Lehre der heiligen Schrift muß
Narren machen oder Narren werden, als der Apostel Paulus berührt
1 Cor. 1, 23: Wir predigen Christum eine Thorheit den Heiden, aber
eine Weisheit Gottes den Heiligen. Frater Martinus Luther, subscript."

„Vorrede auf das Buch „die deutsche Theologie" genannt. 2. Auf-
·lage von anno 1518 in erweiterter Gestalt. Man liefet, daß St. Paulus
geringer und verächtlicher Person, doch gewaltige und tapfere Briefe
schrieb. Und er selbst von sich rühmet, daß seine Rede nicht mit geschmückten und verblümten Worten gezieret, doch voller Reichthum aller
Kunst der Weisheit erfunden. Auch so man Gottes Wunder anstehet,
ifts klar, daß allezeit zu Seinen Worten nicht erwählet seyn prächtige
und scheinbare Prediger, sondern als geschrieben stehet Psalm 8, 3: durch
den Mund der Unberedten und Säuglinge haft Du aufs Beste verkündiget
Dein Lob; item Weisheit 11, 21: die Weisheit Gottes macht die Zungen
der Unberedten auf das allerberedteste. Wiederum strafet Er die hoch-
dünkenden Menschen, die sich ob denselbigen Einfältigen stoßen und
ärgern, Psalm 14, 17: Ihr habt verunehret die guten Räthe und Lehre,
darum, daß sie Euch durch arme und unansehnliche Menschen gegeben
seyn. Das sage ich darum, daß ich verwarnt haben will einen Jeglichen,
der dies Büchlein liefet, daß er seinen Schaden nicht verwirke und
sich ärgere an dem schlechten Deutschen oder ungekränzten, ungekränzten
Worten. Denn dies edel Büchlein, so arm und ungeschmückt es ist in
Worten und menschlicher Weisheit, um so reicher überköstlich ist es in
Kunst und göttlicher Weisheit. Und daß ich noch meinen alten Narren
rühme, ist mir nächst der Biblien und St. Augustin nicht vorkommen
ein Buch, daraus ich mehr erlernt hab und will, was Gott, Christus,
Mensch und alle Dinge seien; und befinde nun allererst, ob wahr
sei, daß etliche Hochgelehrten von uns Wittenbergischen Theologen
schimpflich reden, als wollten wir neue Dinge vornehmen, gleich als
wären nicht vorhin und anderswo auch Leute gewesen. Ja freilich
seyn sie gewesen, aber Gottes Zorn, durch unsre Sünde verwirkt, hat
uns nicht lassen würdig seyn, dieselben zu sehen oder hören. Denn am
Tage ist, daß auf den Universitäten eine lange Zeit Solches nicht gehandelt, dahin bracht ist, das heilige Wort Gottes nicht allein unter
der Bank gelegen, sondern von Staub und Motten nahezu verwefet.
Lefe dies Büchlein, wer da will, und sage dann, ob die Theologie alt
oder neu bey uns fei? Denn dieses Buch ist ja nicht neu. Werden sie
aber vielleicht wie vormals sagen: wir seyn deutsche Theologen; das
laffen wir so seyn. Ich danke Gott, daß ich in deutscher Zunge
meinen Gott also finde und höre, wie ich und sie anher nicht funden
haben, weder in lateinischer, griechischer noch hebräischer Zunge. Gott
gebe, daß die deutschen Theologen ohne Zweifel die besten Theologen
seyn. Amen. D. Martin Luther, Augustiner zu Wittenberg."

Melanchthon: Hierauf hat er angefangen, die Epistel an die
Römer und die Psalmen auszulegen. Diese Schriften hat er so er-
läutert, daß es schien, als wenn nach einer langen, stockfinstern Nacht
ein neues Lehrlicht anbräche, wie alle frommen und klugen Leute

geurtheilet. Da hat er ben Unterschied bes Gesetzes unb Evangelii
gewiesen: ba hat er ben Irrthum wiberleget, ber bamals in Schulen
unb Prebigten umgegangen, welcher lehrete, baß bie Menschen Vergebung ber Sünben burch eigene Werke verbienen, unb vor Gott burch
äußerliche Zucht gerecht werben, wie bie Pharisäer lehreten. Hat also
Lutherus bie Gemüther ber Menschen wieber auf ben Sohn Gottes
geführet, unb wie ber Täufer bas Lamm Gottes gezeiget, welches
unsre Sünbe getragen. Er hat gewiesen, baß bie Sünben um bes
Sohnes Gottes willen vergeben würben unb man solche Wohlthat
im Glauben annehmen müsse. Auch anbere Stücke ber Kirchenlehre
hat er behanbelt unb kam in großes Ansehen; zumal ba auch sein
Leben mit ber Lehre einstimmte unb seine Rebe nicht auf ben Lippen,
sonbern aus bem Herzen zu entsprießen schien. Diese Bewunberung
bes Lebens hat oft auf bie Gemüther ber Zuhörer ben gewaltigsten
Einfluß, wie schon bie Alten sagten: Wenn Einer, was er lehrt, mit
eigner That bewährt, so glaubt man seinem Wort am besten immer
fort. Sein unsträfliches Leben erweckte bas größte Vertrauen unb
gewann auch Solche, welche bie Welt nicht ohne Leib vom Zwiespalt
ber Ansichten veruneinigt sahen. Jeboch änberte Luther bazumal noch
nichts an ben Bräuchen, sonbern hielt eifrig unter ben Seinen über
ber Zucht, ließ auch nichts von anstößigen Meinungen unterlaufen,
erläuterte nur mehr unb mehr bie gemeine nöthige Lehre, z. E. von
ber Buße, Vergebung ber Sünben, Glauben, wahrem Trost im Kreuße.
Hieburch sinb alle Frommen sehr ergößt worben unb war ben Gelehrten lieb, baß Christus, bie Propheten unb Apostel gleichsam aus
ber Finsterniß, Kerker unb Schlamm heraus gebracht, ber Unterschieb
bes Gesetzes unb bes Evangelii, ber Weltweisheit unb Offenbarung,
ber geistlichen unb bürgerlichen Gerechtigkeit, wie's kein Scotus, Thomas
noch Ihresgleichen gethan, aufgebeckt würbe. Derzeit fieng Lutherus
ferner an, sich auf bie griechische unb hebräische Sprache zu legen,
bamit er ben eigenthümlichen Stil ber heiligen Schriften besser kennen
lernen unb aus ben Quellen selbst schöpfenb ein sichereres Urtheil
gewinnen könnte.

Vorlesungen: Daß Luther seine theologische Professur mit Erklärung
ber heiligen Schrift begann unb fortsetzte, verstieß gegen alles Herkommen.
Die Doktoren lasen' im Gegentheil nur noch Dogmatik (was ber weise Luther
nie), bas Exegetische ben Baccalauriis 2c. (Privatbocenten, Extraorbinariis)
vornehm überlassenb. Währenb Letztere ferner so schnell voranschritten, baß
bie Wittenberger schwören mußten, wenigstens nicht mehr als 1 Capitel in
einer Lektion abzufertigen, gönnte sich Luther öfters mehrere Semester für
1 Buch. In ber ersten Zeit Morg. 6—7, später Nachm. 1—2; große Zuhörer-
schaft (Kloster- unb Stabtstubirenbe); Anrebe: „Väter unb Brüber"; Druck
ber lateinischen Texte so, baß bie Zeilen weit auseinanberstanben unb auf
bem weißen Zwischenraum, sowie Ranb, Bemerkungen eingezeichnet werben
konnten (ein solches Exemplar Luthers noch ein Psalter in Wolfenbüttel).
Ungemein sorgfältige Vorbereitung auf bie Lektionen: Wortlaut, Sinn.

Psalmen: Luther erklärt in der ersten Stunde, sie noch lange nicht zu verstehen; corrigirt fortwährend; benützt alle Hilfsmittel (Reuchlin); kommt mehr und mehr von der Allegorie des Mittelalters weg; weicht einem Be=schluß des Convents, die Vorträge drucken zu lassen, mit Recht möglichst aus; Herausgabe des Bruchstücks der 7 Bußpsalmen 1517 erste selbständige Schrift und in unbeholfener deutscher Sprache (Vorlesungen und frühere Predigten lateinisch). Die ganze Reformation ein Psalm ex profundis.

Episteln Pauli: mit Psalmen dem tiefsten Bedürfniß des Refor=mators entsprechend; noch mühsameres Abarbeiten mit Buchstaben und Geist; noch höherer Gewinn fürs geistliche Reifen; stete Wechselwirkung des innern Erlebnisses und gegebenen Schriftwortes, woraus der Reformator hervorgieng; Freiheit durchs Wort, Gebundenheit aus Wort; fröhliche Heilsgewißheit im Glauben, ernste Gewissenhaftigkeit in der Heiligung.

Hebräisch und Griechisch: Hebräisch namentlich mit Hilfe der Schriften Reuchlins (Lexikon, Grammatik, Erklärung der Bußpsalmen); Griechisch mit Hilfe von Collegen Lange, Carlstadt, später zumeist Melanchthon; Verständniß der paulinischen Briefe durch den Gebrauch der Vulgata lange sehr erschwert und getrübt.

Erfolg der Vorlesungen: Luther schnell der einflußreichste Theolog in der Wittenberger Facultät und letztere bedeutend im Ansehen, Besuch 2c. wachsend. 1517 Mai schreibt Luther: „Unsre Theologie und St. Augustinus machen unaufhaltsam Fortschritte. Durch Gottes Beistand herrschen sie an unsrer Universität. Mit Aristoteles geht es abwärts, hoffentlich auf immer. Wer noch Zuhörer haben will, darf nur diese Theologie vortragen, d. h. er muß über die Bibel, Augustin 2c. lesen."

Studien der Kirchenväter und Lehrer: Tieferes Eindringen in Augustin, mit welchem Luther in ethischen und theologischen Hauptgesichts=punkten zusammentraf, ohne jedoch in mancher Hinsicht auf Selbständigkeit zu verzichten; sieht ehrerbietigst an dem Patronen der Theologie hinauf, jedoch nie kritiklos. Erbaut sich an St. Bernhard, dem „frömmsten Mönch", verzeiht ihm viel Befangenheit im papistischen Unwesen um seines Ausrufs willen: „Herr, Dein Erbarmen ist meine Gerechtigkeit!" — Versenkt sich in Johann Tauler († 1361) und seine Geistesverwandten, die „Gottesfreunde", deutschdenkende und deutschredende Mystiker (Pietisten des 14. Jahrhunderts); fühlt sich sehr angezogen, ergibt sich aber ihrer passiven Beschaulichkeit und weltflüchtigen Einseitigkeit nicht; Herausgabe des anonymen Tractats „deutsche Theologie" (den er im Brief an Spalatin einen „Auszug" der Taulerschen Predigten heißt) 1516 voll Freuden über den Fund, aber nicht ohne Verwarnung; so=wohl der speculative Gehalt, als die deutsche Sprache dieser Schriften hoch=bedeutsam für den Reformator.

Das Menschenherz ist als ein Schifflein auf dem wilden Meer,
Von Winden aus der ganzen Welt geworfen hin und her:
Nun stößet sorglich Bangen aus der Zukunft finsterm Schooß,
Nun fähret Gram und Pein aus gegenwärt'gem hartem Loos,
Hier bläht ihr Segel eitle Hoffnung auf ein fernes Gut,
Dort schwellt ein zugefallnes Glück zu sicherlich den Muth.

Horch, also redt's auch aus dem Psalter tausendfach heraus:
Da tönet Freud und Leid, spielt Sonnenschein und Wettergraus.
Du flehest allen Heiligen ins Herz bis auf den Grund:
Bald lust'ge Gärten, Himmelsauen, lauter Preis im Mund;
Bald welke Fluren, Todtenfelder, Höllen — Angst und Qual
Vernimmt man rauschen, stöhnen, lauter Bäche Belial.

Drum zogs von jeher alle Gläubigen zum Psalter hin.
O laßt auch uns allweg vor diesen Spiegel betend zieh'n,
Auf daß der Wahn, viel zäher noch als Eis, im Herzen bricht,
Als wär's mit uns Etwas, und wir nach Gottes Angesicht,
Stets heilig, mächtig, gnädig, als dem einz'gen Anker schaun,
Am guten Tag Ihn fürchten und am bösen Ihm vertraun.

––––––

Wer lag so tief noch in der schlamm'gen Grube,
Darein es aus der ew'gen Richterstube
Mit Schwefel und mit Feuer tropft?
Je mehr ich rang, aus ihr empor zu kommen,
Je tiefer hat sie mich hinab genommen,
Je schwerer hat mein Herz geklopft.

Ich kenne dich, Gesetz, du kannst nur würgen!
Erst seit mir einen Mittler, einen Bürgen
Das Evangelium gezeigt,
Ward meine Brust von Bergen Blei's entladen,
Und, mit Sanct Paulo preisend Gottes Gnaden,
Mein Athem frei gen Himmel steigt.

––––––

Was gläub'gen Seelen sei das Evangelium?
Fragt in der Schöpfung Gottes beim Geschöpf herum:
Was unsrem lieben Vieh die Weid auf grüner Au?
Was Vögeln, einem Aar und Spatz, des Nestes Bau?
Was Fischen, groß und klein, der Strom, der Bach, der Born?
Was Gemsen und Gazellen eines Felsen Horn?
·  Was im Gesteine den Kaninchen eine Kluft?
Was Gräsern, Rosen, Bäumen, Reben Licht und Luft?
Was Menschenkindern eines Hauses Dach und Fach?
Fragt, fragt. — genug der Antwort höret ihr hernach!

––––––

Der Biene gleich, die summend aus dem Kelche Honig saugt,
Wirds einer Seele wohl, die betend sich in Gott eintaucht.

––––––

Vom eignen Wesen sich entleeren,
Heißt von der Sünde sich bekehren.

––––––

Sich aller Kreatur der Welt entschlagen,
Dem Jch zumeist jedwelches Recht versagen,
Hilft einziglich das höchste Gut erjagen.

———

Sieh jenen Falter hoch in blauer Luft sich wiegen!
Woher? Sieh seinen Sarg dort an der Scholle liegen!

———

Warum fiel Adam einstens aus dem Paradies?
Weil außer Gott er hat gesucht ein Lustgenieß:
Betrachte wohl den Apfel, den ihm Satan pries!

———

Wozu ward Gott ein Mensch auf dieser Erden?
Daß wir, der Mensch, durch Jhn vergottet werden.

———

Wie war der Mensch, in welchem Gott erschienen?
Der Liebe selbstlos hingegebnes Dienen.
Und liebt ein Mensch nach dieser Christusnorm,
Nimmt auch sein Wesen sel'ge Gottesform.

———

Slieh weg zum Kreuz aus dir
Und halte Jesu für:
Du nahmst an Dich, was mein,
Du gabst an mich, was Dein."

———

Als hätte mir Gott Selbst von Oben
Den schönsten Psalm ins Herz gesungen,
Ward ich bewegt, erquickt, gehoben,
Da mir Sein Wort in deutscher Jungen
Erstmalen ist ans Ohr geklungen.

O wie des ewgen Vaters Denken
Tönt in der Muttersprache wieder!
O möchte das der Herr noch schenken
An meines lieben Volkes Glieder:
Die deutsche Bibel, deutsche Lieder!

1512 1517.
... an
i ........
...... und
........

Hieneben prediget er im Kloster emsig weiter und läßt sich
auch vom Rathe der Wittenberger erbitten, in der Kirchen ihrer
Stadt auf die Kanzel zu gehen, was mit seiner geistlichen Obern
Erlaubniß geschah, schier jeden Tag, weils die Leute heftiglich
begehrten und seiner mächtigen Art, Gottes Wort lauterhaft zu
......
..... 1515
verkünden, gar nicht genug haben wollten.

Um selbe Zeit hat der Kurfürst zu Sachsen, der zuvor im
..... der
....tirbe
1516.
heiligen Lande gewesen, ein neues Stift, im Namen aller Heiligen,
auf seinem Schloß zu Wittenberg anrichten lassen, darein er allerlei
Reliquien sammlen ließ. Da wird Dr. Staupitz ins Niederland
...... über
..... Gebete
und 1517.
abgefertiget, aus einem Kloster Heilthum herzuholen. Mittlerweile
wird Dr. Martino das Vicariatamt oder die Visitation über die
Augustiner-Klöster befohlen. Darum er eine Zeit lang von einem
..... über
..... ter
1517.
Kloster zum andern zeucht und hilft Schulen anrichten und ver=
mahnet all seine Vicareiverwandten, sich zur Biblia zu halten,
und darneben heiliglich, friedlich und züchtig zu leben. Schreibt
auch dieser Zeit viel tröstlicher Brief' an geängstete Gewissen,
betrübte Brüder in Klöstern und andere Leute, des Inhaltes, daß
Christus mit Seiner Gerechtigkeit unser sei und unsere Sünd
sind Sein, die Er durch Sein einiges Opfer am fronen Kreutz
gebüßet und bezahlet habe.

„Berufen bin ich als Doctor, berufen als Prediger und habe mich
nirgend selbst eingedrungen. Ich habs oft gesagt und sags noch, ich
wollte nicht der Welt Gut nehmen für mein Doctorat. Denn ich müßte
wahrlich zuletzt verzagen und verzweifeln in der großen, schweren Sache,
so auf mir liegt, wo ich sie als ein Schleicher ohne Beruf und Befehl
angefangen. Aber nun muß Gott und alle Welt mir zeugen, daß ich in
meinem Doctoramt und Predigtamt öffentlich habe angefangen und
es bis daher geführet mit Gottes Gnadenhilfe."

„Eine fleißige Predigt göttlichen Worts ist der eigentliche Gottesdienst des neuen Testamentes und dem allmächtigen Gott viel angenehmer,
heiliger und besser, denn alle Gottesdienste und Opfer des alten Testamentes. Wir sollen aber diesen Gottesdienst darum mit größerem Sleiß

handeln und halten, dieweil nach so großer Sinsterniß, in der wir ge-
lebet haben, die göttliche Weisheit uns wiederum als die Sonne im
Mittag, aufgegangen ist. Wie nun vor dieser Zeit die Predigt nichts
anderes, denn als ein gezwungener Knechtsdienst gehalten worden ist,
also soll man jetzt solchen Gottesdienst viel höher halten und alle, so
die Schrift lehren, wahre Priester Gottes seyn."

"Das Predigthören ist nöthiger, weder Messehören. Und man
soll keine Messe halten ohne Evangelium. Vor Zeiten, in der ersten
Kirche, ließ man die Verbanneten, die Büßenden, die Catechumenos und
die Besessenen bey der Messe bis nach dem Evangelio. Wollte Gott, es ge-
schähe das annoch, daß die Armen doch höreten das Evangelium und
damit eher zur Erkenntniß und Reue der Sünden kommen möchten.
Ein grausam Ding gebannet werden vom Evangelio, das doch geboten
ist, zu predigen aller Creatur."

"Es können Einen Gedanken und Arbeiten wohl alt machen. Ich
habe vorweilen es auch erfahren, oft an Einem Tage vier Vorträge
gehalten; über eine ganze Saften täglich zweimal gepredigt und hieneben einmal gelesen, da ich erstlich die zehn Gebote predigte vor einer
großen Menge. Denn die Predigt des Katechismus war noch ein ganz
ungewohntes, neues Ding."

"Ich predige seit 25 Jahren den Spruch und verstehe ihn noch
nicht: seines Glaubens wird der Gerechte leben."

"An Johannes Lange, Prior der Augustiner in Erfurt. Jesus.
Heil. Ich brauche fast zwei Schreiber oder Kanzler. Ich thue fast
nichts als Briefe schreiben den ganzen Tag, daher ich nicht weiß, ob
ich etwa ein Ding zweimal schreibe, welches Ihr sehen möget. Ich
bin ein Klosterprediger, ein Tischlehrer, werde täglich abgefordert als
Pfarrprediger, bin Studienrector, bin Ordensvicar d. i. elfmal Prior,
bin Aufseher über den Lützkauer Fischteich, herzbergischer Anwalt in
Torgau, habe St. Paulum und den Psalter zu lesen, dazu, was die
meiste Zeit wegnimmt, fortwährender Briefschreiber. Ich komme selten
dazu, die Horas abzuwarten und zu singen, ohne was eigene Versuchungen
mit Fleisch und Blut, Welt und Teufel belanget. Sehet, was ich vor
ein müßiger Mensch bin! — Wegen Bruder Johann Metzels glaube ich,
daß Ihr meine Meinung und Antwort jetzt erhalten habt: ich will sehen,
wie ichs mache. Wo soll ich doch Eure Sardanapalos und sybaritische
Schwelger hinbringen? Habt Ihr sie liederlich erzogen, so ernähret sie
deßgleichen. Ich habe genug unnütze Brüder an allen Orten: wenn sie
je unnütze sind zur Prüfung der Geduld: ich glaube, daß die unnützen
dazu nützlicher sind als die nützesten, darum behalte sie noch eine Weile.
— Wegen der Brüder, die Du mir zugeschickt hast, weiß ich nicht gewiß, ob ich dir geschrieben habe. Den Gebesserten habe ich mit dem

Jüngern an M. Spangenburg, wohin sie verlangten, geschickt, damit sie nicht länger in der ganz ungesunden Luft blieben. Zwei andere habe ich hier behalten, weil mich ihre Lenksamkeit so rührte, daß ich sie lieber mit gewissem Schaden behalten als wegschicken wollte. Es leben jetzt 22 Priester, 12 Jünglinge, im Ganzen 41 Personen von unsrem armseligen Vorrath, aber der Herr wirds versehen. — Ihr schreibet, daß Ihr gestern das 11. Buch der Sentenzen angefangen habt. Ich werde morgen den Brief an die Galater anfangen. Wiewohl zu besorgen, daß ich kaum angefangen wegen der Pest wieder aufhören werden muß. Bis jetzt reißt sie jedoch höchstens 2 oder 3 von uns dahin. Unsrem Nachbar gegenüber, dem Schmied, wurde gestern ein gesunder Sohn begraben, der andere liegt schon angesteckt. Was soll ich sagen? Die Pest ist da und ergreift namentlich junge Leute heftig und rasch. Und Ihr rathet mir und Bruder Bartholomäo die Flucht. Aber wohin? Ich hoffe, die Welt werde nicht untergehen, wenn auch der Bruder Martinus zu Grunde geht. Die Fratres werde ich zwar, wenn die Pest fortfährt, in alle Welt versenden. Ich aber bin hieher gesetzt. Um des Gehorsams willen kann ich nicht fliehen, ehe der Gehorsam, der mich beordert hat, es will. Nicht, daß ich den Tod nicht fürchte (denn ich bin kein Apostel Paulus, sondern lese diesen nur), hoffe jedoch, der Herr werde mich aus meiner Furcht erlösen. — Es hat mir der ehrwürdige Vater M. Johann Husden, Prior in Cöln, geschrieben, daß der Vater M. Spangenburg mit großer Ehre und Liebe von den Bürgern in Dordrecht aufgenommen worden sei und werde dort bald ein größer Convent als je gehalten werden. Prior daselbst ist Lector Heinrich, unser einstiger Mitstudent, früher Secundarius in Cöln. Lector Phugius schreibt, Reuchlins Angelegenheit gehe sehr günstig und frohlockt hierüber. Den Präceptor oder Licentiatorius betreffend, muß ich dich bitten, eine Sibylle nachzusenden: denn ich kann jenes Blatt nicht lesen, also nicht verstehen. Gruß an Alle, die gegrüßt seyn wollen. Den Vätern Magistern kann ich zunächst nicht schreiben, ein ander Mal. Gieb ihnen, wenn du willst, diesen Brief zu lesen etc. Gehabt Euch wohl. In Eile. Gedenket unser. Dem Herrn sei Ehre! Amen. Den 26. Oktober im Jahre 1516. Bruder Martin Luther Augustiner."

An Michael Dressel, Prior zu Neustadt und an die Capitularen des Convents daselbst etc.

„Ich höre mit Schmerzen, daß Ihr uneins in Einem Hause lebt. Es fehlt am Frieden, weil an der Demuth vor und am Gebet zum Herrn. Ein Leben ohne Frieden, ohne Christus, droht aber viel Gefahr, ist eher ein Tod als ein Leben. Daher muß ich abwesend thun, was ich bey meiner Anwesenheit noch nicht gewollt: ich kann derzeit unmöglich abkommen. Eure Zwietracht kommt zumeist von Eurem Zwiespalt mit Eurem Prior und Haupt, was mehr schadet, als Uneinigkeit unter den Brüdern. Daher mein Befehl an Euch, Bruder Michael Dreffel, daß Jhr Amt und Sigel aufgebet: kraft meines Dienstes entsetze ich Euch aus Amt und Gewalt eines Priors, im Namen des Vaters, des Sohnes und heiligen Geistes. Amen. — Da nun das Priorat erledigt ist, so bitte ich Euch um Christi Barmherzigkeit willen mit einmüthigem Geiste nach den Statuten aus Eurer Mitte drei vorzu⸗ schlagen: suchet mit Gebet, nicht aus eigener Kraft, auf daß der Herr, in Deffen Hand Alles, Euch regiere. — Wegen Unterweisung der jungen Leute bitte ich Euch, doch recht fleißig und getreu zu seyn, denn es ist das Wichtigste und Bedeutsamste für den Convent, was ich Euch gegen⸗ wärtig ans Herz und Gewissen legte. Gehabt Euch wohl in dem Herrn und betet für uns Alle! Die Pest wüthet allenthalben um uns, hat auch im Magdeburgischen etliche Brüder weggerafft. Denkt an uns, daß Gott, wen Er abrufen will, in Gnaden heimhole. 25. Sept. 1516. Bruder Martin Luther, Vicarius medius der Augustiner."

An den Prior in Mainz: „Schicke mir den in Schanden ent⸗ flohenen Mönch nach Dresden oder Wittenberg, noch besser überrede ihn, daß er freiwillig erscheine. Mit offenen Armen will ich ihn auf⸗ nehmen, wenn er nur kommt; er braucht nicht zu fürchten, daß er mich beleidigt habe. Weiß wohl, daß Aergernisse kommen müssen; kein Wunder, wenn ein Mensch fällt, viel mehr, wenn er stehen bleibt und wieder aufsteht.".

An Lange: „Gedenke deines, unseres abgefallenen Bruders vor dem Herrn. Das wäre nicht fromm, wenn du dich seiner Unfrömmig⸗ keit halber von ihm abwenden möchtest. Wir sind dazu getauft und berufen, Aergernisse zu dulden, Einer des Andern Last zu tragen, die Glieder, so uns am übelsten anstehen, am sorgfältigsten zu schmücken. Einer soll des Andern Schanddeckel seyn, wie Christus es uns war, ist und ewig seyn wird. Hüte dich, so rein sein zu wollen, daß du von Unreinen unberührt bleiben möchtest: weigere dich nicht, Unreinheit zu bedecken und auszutilgen. Der Prior hat eine Ehrenstelle: sie bedeutet aber nichts Anderes, denn daß er die Schmach der Seinen trage."

An Georg Spenlein Augustiner in Memmingen. „Jesus Christus. Liebwerthester Bruder George! Wir haben aus Euren verkauften Sachen (Brüßler Gewand, Kutte, Büchern etc.) 2¹⁄₂ Gulden zusammen⸗ gebracht und Eurem Prior für Euch angewiesen: den Rest Eurer Schuld wird er Euch wohl erlassen, hoff ich etc. — Weiter verlangt mich zu wissen, wies um Eure Seele steht? Hat sie der eigenen Gerechtigkeit satt und begehrt in Christi Gerechtigkeit getrost und fröhlich zu seyn? Denn heutzutage werden gar viele von der Vermessenheit stark versucht, sonderlich solche, die durchaus gerecht seyn möchten, aber Gottes Ge⸗ rechtigkeit nicht wissen, die uns in Christo reichlichst und umsonst ge⸗ schenket ist, folglich sich abmühen, vor Gott mit eigenen Tugenden und

Verdienſten geſchmückt zuverſichtlich dazuſtehen, was doch unmöglich je ge-
lingt. Nach unſrem Vermerk ſeid ihr in dieſem falſchen Wahne geſteckt, gleich
mir ſelbſt; ich kämpfe zwar ernſtlich dagegen, bin aber noch nicht ganz
los davon. Darum, lieber Bruder, lernt Chriſtum kennen, und zwar
den Gekreuzigten. Verzweifelt nur ganz an Euch ſelber und ſaget Ihm:
Du mein Herr Jeſu biſt meine Gerechtigkeit, ich aber bin Dein Sünder.
Du haſt an Dich genommen, was mein war, und haſt an mich gegeben,
was Dein iſt. Hüte Dich, ſo rein ſeyn zu wollen, daß du kein Sünder
mehr erſchieneſt oder wäreſt. Chriſtus wohnt nur in den Sündern.
Deßhalb ſtieg Er herunter vom Himmel, wo Er in den Gerechten
wohnt, um auch in den Ungerechten zu wohnen. Solcher Seiner Liebe
denket nach und Ihr werdet Seinen ſüßeſten Troſt ſchmecken. Denn
ſo wir durch unſren Sleiß und Schweiß ein ruhiges Gewiſſen erlangen
ſollten, zu was iſt Er geſtorben? Lediglich darin werdet Ihr, unter
Verzicht auf Euer eigenes Weſen und Wirken, Frieden finden. Lernet
von Ihm, der Euch an Sich genommen, Eure Sünde zu Seiner und
Seine Gerechtigkeit zur Euren gemacht hat. Glaube dies feſt, wie du
ſollſt (verflucht iſt, wer nicht glaubt), und übs auch an den irrenden,
unordentlichen Brüdern. Traget ſie geduldig, macht ihre Sehler zu den
euren und laßt Euer etwas Gutes ihrer ſeyn. Alſo mahnt uns der Apoſtel
Röm. 15, 7. Phil. 2, 5. 6 etc. Denn das iſt eine unglückſelige Gerechtigkeit,
welche den Andern als geringer neben ſich nicht dulden will, ſtatt ihm
durch Gebet und Exempel möglichſt zurechtzuhelfen. So vergräbt man
die Talente des Herrn und verſagt ſeinen Mitknechten den ihnen ge-
bührenden Theil. Wollt ihr eine Lilie und Roſe Chriſti ſeyn, ſo wiſſet
ihr, daß Euer Wandel unter Dornen ſeyn muß. O ſeid nur ſelber
durch herbes Urtheil und heimliche Hoffahrt kein Dorn! Chriſti Reich
iſt mitten unter Seinden, wie der Pſalmiſt ſagt. Wolltet Ihr
mitten unter Freunden ſeyn? Werft Euch zu Süßen des Herrn Jeſu,
von Ihm, was Euch fehlt, zu erflehen. Er wird Euch alles lehren;
lernt nur an dem, was Er für Euch und alle gethan, was Ihr für
Andere thun müßt. Wenn Er nur für die Frommen hätte leben und
für die Freunde ſterben gewollt, mit wem hätte Er gelebt, für wen
wäre Er geſtorben? Thut alſo, mein Bruder, und betet für mich. Der
Herr ſei mit Euch! Wittenberg 7. April 1516. Br. M. L. Aug.ᵃ

An Georg Leiffer, Auguſtiner in Erfurt. „Jeſus. Heil im Herrn
und Seinem Tröſter. Ich höre, theurer Vater und Bruder, daß Ihr
von gewaltigen Stürmen angefochten und mit mancherlei Sluthen gejagt worden. Gelobt ſei jedoch der Vater der Barmherzigkeit, daß Er
Euch einen ſo guten Tröſter, als dies ein Menſch ſein kann, im ehrwürdigen Vater M. Bartholomäus beſtellet hat. Gebt nur ſeinem Wort
in Eurem Herzen Raum und geſtattet Euren eigenen Gedanken kein
Recht. Ich weiß nemlich aus Eurer und meiner und Aller Erfahrung,

daß nur der Eigendünkel die Wurzel unſrer Unruhe iſt. Unſer Aug'
iſt gar ein Schalk und von mir zu reden, ach, mit welchem Jammer
hat er mich zerplagt und plagt mich noch recht arg. — Chriſti Kreuz
iſt über die ganze Welt vertheilt und Jedes erhält von ihm ſeine Portion.
Die darf Niemand wegwerfen, vielmehr nehme ſie jedes als eine heilige
Reliquie hin, ob nicht in ¦ein ſilbern oder gülden Gefäß, aber in ein
durch Liebe geweihtes Herz. Wenn das Holz des Kreuzes durch die
Berührung des Leibs und Blutes Chriſti ſo geheiligt wurde, daß es
für eine theuerwerthe Reliquie gilt, umwievielmehr ſind Beleidigungen,
Verfolgung, Leiden und Haß von Menſchen, gerechten und ungerechten,
heilige Reliquien, wenn ſie zwar nicht mit Seinem Sleiſche ¦berührt,
wohl aber mit der Liebe zu Jhm umfaßt, geküßt, geſegnet und hie-
durch wahrhaft geweihet worden. Dann wandelt ſich Sluch in Segen,
Unbill in Billigkeit, Leiden in Herrlichkeit, Kreuz in Freud. Lebt wohl
und betet für mich, innigſt geliebter Vater und Bruder! Wittenberg
16. April 1516. Fr. Mart. L. Aug."

\
**Diſtrictsvicariat 1515:** Zur Erleichterung des Generalvicars, Dr.
Staupit (meiſt auf Reiſen), ward auf der Congregation des Kapitels in
Gotha Luther zum Diſtrictsvicar gewählt, obgleich er zuvor einen ſehr an-
züglichen Vortrag über, d. h. gegen die Sitten der „kleinen Heiligen im
Kloſter" gehalten hatte. Hiemit waren.11 Klöſter (Wittenberg, Dresden,
Herzberg, Salza, Nordhauſen, Gotha, Sangerhauſen, Erfurt, Magdeburg,
Neuſtadt, Eisleben) in Thüringen und Meiſſen ſeiner Aufſicht unterſtellt und
jährliche Viſitationen verbunden; aus den erhaltenen Briefen geht nicht nur
der Ernſt und die Liebe hervor, mit welcher er dieſes Amtes in moraliſcher,
disciplinariſcher und pädagogiſcher Hinſicht wartete, ſondern auch die Treue
bis ins kleinſte Datail des ökonomiſchen Betriebs. (Rechnungsweſen, Ver-
köſtigung, Toilettefragen der Mönchsuniformen ꝛc.) Auſſerdem war Luther
die Leitung des theologiſchen Stubiums im Kloſter übertragen.

**Predigtamt:** 1516 war das Pfarramt Wittenberg mit einem Simon
Heinz aus Brück (älterem Bruder des ſpäteren Kanzlers) beſetzt worden. Da
dieſer fürs Predigen weniger taugte, berief der Magiſtrat Luther zum Prediger und nahm er nach etlichem Sträuben an: ausdrückliche, nachdrücklichſte
Vocation. Die Stadtkirche füllte ſich ungemein, beſonders bei den ganz un-
gewohnten Predigten über den Katechismus (die 10 Gebote und das Vater-
unſer); wurden zwar deutſch gehalten, ſind aber nur in der lateiniſchen
Ueberſetzung gedruckt worden; Charakter der erſten Predigten bald in der
herkömmlich ſcholaſtiſchen, bald in der nachherigen freigewaltigen Form, erſt
nach und nach aus der moraliſirenden Strafrede zur Verkündigung des Heils
im Heiland übergehend („Man ſagte mit Recht von mir: er hat einen zu
gelben Schnabel, um alte Schälke noch fromm zu machen"); theilweiſe ſehr
ſorgfältig ſtubirt, theilweiſe ſichtlich extemporiſirt; voll Pietät für das Dogma,

ben Ritus, bie Constitution ber alten Kirche, wenn auch Abweichungen mehr
unb mehr burchschimmern; bas älteste vorhanbene Bruchstück einer Predigt
auf Martini 1515 hanbelt von ber rechten Art, wie man bie heilige Schrift
lesen soll, unb ergeht sich bereits prophetisch bahin: „Eins predige, bie Weisheit bes Kreutzes, b. h. baß es mit bem Menschen nichts ist unb er also
lerne an ihm selbst verzagen unb in Christum hoffen."

Die Pest grassirte bamals wieberholt verheerend in Wittenberg.
Neben bem tiefen Ernst, welchen sie auch bem stanbhaften, pflichtgetreuen
Luther einflößte, bewahrte sich auch zu bieser Zeit sein Humor. Nach einem
Billet labet er Spalatin, ber im kurfürstlichen Schloß mit bem Gesanbten
Christoph auf Besuch war, zu sich ein: „bringet Euern Herrn mit, aber auch
Wein, wohl eingebenk, baß ihr vom Hof ins Kloster, nicht vom Kloster an
Hof kommen werbet."

Vom Prebigtamt aus ben Tischreben:

„Mein lieber Bruder, Lauterbach,
Warum benn immer Weh und Ach?" —
Herr Doctor, weil bes Pfarramts Last
Mich foltert, mich erbrosselt fast.
Ich kann es Niemand machen recht,
Bin wirklich auch zu schwach und schlecht:
Soll Andrer Stecken sein und Licht,
Und weiß mir selbst zu helfen nicht
Vor Wankelmuth, vor Dunkelheit,
Vor äußerem und innrem Streit.
Wenn gar der Thürme Glockenlaut
Zur Kirche labet, o wie graut
Mir wahrhaft vor bem Kanzelgang —
Verbrechern wird wohl ähnlich bang,
Wenn man, bevor das Richtbeil fällt,
Das Armensünberglöcklein schellt;
Denn, weiß ich, lauter Staub und Schaum
Geht nunmehr eine ganze Stund
Im Heiligthum ob meinen Mund.
Herr Doctor, löset, löst mich bald,
Ich haue lieber Holz im Wald!
— „Mein lieber Bruder, Lauterbach,
Ich kenne beine Pein und Schmach:
Einst wollte mir basselbe Rad
Zermalmen meines Rückens Grat.
Ich zitterte an Leib und Seel
Bei meiner Oberen Befehl,
Zu prebgen Gottes heilg Wort;
Ich Armer zitterte lang' fort,

Ich zittre heute noch manchmal —
Vom Richtstuhl zückt ein eigner Strahl
Zu jebem Predigtstuhle hin.
Was hob und stählte meinen Sinn?
Hasts nicht gewollt, nein hasts gemußt,
Wohlan so biete beine Brust,
Gleich einem Kriegsmann, tapfer her;
Komms wie ba wolle, schuldig Der,
So bich gesanbt, Er mags versch'n,
Du hast Ihm treu nur nachzugeh'n!
Wägs, wags, mein Bruder, gleicher Art
Und sprich bei jeder Kanzelfahrt:
„Berufen bin ich, bins vom Herrn,
Der hörte nun mich predgen gern;
Ich thue, was Er haben will,
Und halte Seiner Leitung still!"
Versuchs: ber Leute Schimpf und Lob
Vergißt man mehr und mehr barob;
Dieweil vor Christo, steht man frei
Vor Männiglich, wers immer sei;
Weils Christum gilt, wirft man bas Ich
Zu Süßen Ihm und hinter sich;
Weil Christus Leuchte, Norm und Ziel,
So thut, so leidet man auch viel.
Gieb Acht, mein Bruder Lauterbach,
So schmilzt ja mehr bein Weh und Ach,
Du küssest noch ben Hirtenstab,
Den dir ber Heerben Erzhirt gab!

Wer in der Kirche weiter Welt,
Fragt Ihr, die beste Predigt hält?
Fürwahr, es ist mir unbewußt.
Brennts aber in der Hörer Brust,
Wie auf dem Weg nach Emmaus,
An einer warmen Rede Schluß,
Als hätte, während wir gelauscht,
Jesus mit uns ein-Wort getauscht —
Wo derart eine Predigt fäht.
Erscheinet ihre Majestät,
Fehlt jede Spur von Witz und Pracht,
In voller Gnade, voller Macht. —
Fragt weiter Ihr, woher die Kunst,
In Menschenherzen solche Brunst
Aus Jesu Geist zu fachen an?
Weiß wiedrum keinen Regelnplan
Und kein Recept, nur diesen Rath:
Studirt am Pulte früh und spat —
Ihr thuts —, jedoch vergesset nie:
Studirt noch fleißger auf dem Knie!

Du fürchtest so viel Menschenköpfe?
Nimm an, sie seien lauter Töpfe.
Sieh nur nach Dem, Der nicht zu sehen,
Doch jedes Wörtlein wird verstehen.

———

Ein frommer Prediger, ergehts ihm schlecht,
Getröstet sich des Blicks aufs Ende.
Legt Christus auf sein Haupt die Hände:
„Komm jetzo her zu Mir, du lieber Knecht!"

———

„Petre, Petre, hast mich lieb?
Nun, so waide meine Schafe!"
Horchet, Pfarrherrn, welcher Trieb
Thut Euch Noth, wenn ohne Strafe,
Wenn zum Segen Ihr den Stab
Führen wollet bis ins Grab?

———

Fährt hochgelehrt ein Prediger daher,
Läßt er das Herz der Hörer lotterleer.
Und Er? Verzeiht mir, daß ich denken muß
Uns leidge Schicksal des Herrn Icarus:
Der klebte Sittige sich an mit Wachs,
Flog auf zur Sonne hin, da schmolz es straks,
Und Er, der aufgeblasene Gesell,
Stürzt' abwärts in das Meer — ging wunderschnell.

———

Sprach ein grundgelehrter Esel
Auf der Kanzel, seis in Wesel,
Seis in Dresden, von der Haag':
Ob es Frauen ziemen mag,
Ammen zu vertraun ihr Kind?
Was man ferner dem Gesind
An dem Sonntag soll erlauben?
Ach, und lauter alte Sauben,
Arme Wittwen, kranke Scherben,
Saßen, lagen, müd zum Sterben.
Vor der Kanzel in dem Saal,
Den man sonsten heißt Spital!

———

Nimm, Prediger, das Bienelein,
Das frohe, kleine, fleißge Thier,
Zum steten Singerzeige dir:
Es trägt am liebsten Honig ein,
Jedoch, muß es gestochen sein,
Streckts auch den Stachel frank herfür!

— — —

Geh, Bruder, nie zu predigen von Gott ins Gotteshaus,
Eh du dein Herz vor Gott im Kämmerlein geschüttet aus

---

Frischweg hinauf,
Den Mund weit auf,
Und hör' bald auf!

---

Will Einer Christi Rosen zugehören,
Muß er zum Dornenkranze Christi schwören:
Muß endlos Andrer Schwächen, Blößen, Schulden
Demüthig, sänftlich tragen, decken, dulden.
Erlaubt er seinem Urtheil Hoffahrt, Herbe, Zorn
Wird er im Auge Christi jedesmal ein Dorn.

---

## 1512—1517.

Reibungen mit
Rom.

Dieser Zeit ließ sich der theure Mann Dr. Johann Reuchlin
hören, der als ein christlicher Hebräist nicht rathen und willigen konnte,
daß man auf Pfefferkorns, des getauften Juden und hernach ver=
brannten Täuflings, und der Ketzermeister zu Köln Antreiben,
der Juden hebräische Bücher verbrennen sollte. Denn man könnte
zum rechten und seligen Verstand keineswegs der Propheten he=
bräischer Schriften und Sprachen in der Christenheit entrathen.
Diesem theuern Mann und seiner Sache gibt Dr. Luther Beifall,
da er von guten Freunden gefragt wird. — Erasmus von Rotter= Beziehungen
dam, der sich eine Zeit lang zu Rom bei den Carbinälen auf= den Inman;
gehalten und ihr Unart selber erfahren hatte, thät sich gleicher 1512 etc.
Zeit herfür mit seinen Dialogen vom Papst Julio, der vor den
Himmel zu St. Petro kam, und mit andern Schriften, darin er
die alten Bachanten und Sophistenschulen und der Geistlichen
ungeistliches Wesen und Leben angriff, und daneben die Sprachen
und guten Schulkünste wieder anrichten half. Selbiger Erasmus
trägt auch anfänglich an Dr. Luthers Büchern ein gut Gefallen,
wie er sich deutlich vernehmen ließ, da er zu Cöln von Herzog
Friedrich, Kurfürsten zu Sachsen, Dr. Luthers Lehre halber an=
gesprochen ward; nemlich, Dr. Luther hätte zwar zwo mächtige
Sünd begangen, daß er dem Papst an seine dreifache Kron' und
den Mönchen an ihren Schmerbauch griffen hätte, dennoch wäre
Dr. Luthers Lehre recht und der Schrift gemäß, und ob er gleich
heftig und geschwind vorgefahren, gehöre doch auf einen Wolfs=
braten eine so scharfe Lauge.

Nun ging es fürber an den ersten Streit zwischen Dr. Luther
und den Sophisten. Diese schalten den jungen Doktor einen Angriff
Ketzer, dieweil er darauf stäten, festen Sinnes drang, daß man Sibetz,
in Glaubens= und Gewissenssachen der heiligen Schrift nachforsche, 1517 ec.
so durch das ewige, wesentliche Wort und den Redner aus Gottes

des Vaters Herzen herfürgebracht und durch den heiligen Geist
von Anfang der Welt, durch die Erzväter, Könige, Propheten,
Apostel, Bischöfe und alte Symbola's, und mit viel Märtyrerblut
bezeuget und bekräftiget, und allen frommen Christen, die seliglich
eingeschlafen, bekannt sei. Dagegen solle man ja nicht auf des
finstern Scoti und albernen Alberti, zweifelhäftigen Thomä von
Aquino, der Occamisten, des Meisters von hohen und scharfen
Sinnen, der gottlosen, zänkischen Sophisten, ungewisses Träumen
und Vermeinen Seel und Gewissen wagen; denn der gestrenge
Richter, vor dessen Stuhl alles Fleisch kommen muß, werde nur
die zu Seiner Rechten stellen, die Ihn aus Seinem Wort erkannt
und in Seinem Namen den Leuten gedienet haben. Indem er
also die hohen Schulen und Gelehrten alle gegen unsres Herrn
Jesu Christi Wort, aufgeschrieben von den Propheten und Aposteln,
zurücksetzet, und solches allein für nöthig halten wollte zum Glauben
und guten Gewissen, oder daß man daraus allein könnte lernen
und lehren, wie man möchte christlich leben und selig sterben und
fröhlich vor den Gerichtstuhl kommen, ärgerts gar Viele ver-
dammlich und gabs eine heftige Disputation. Aber sie konnten
vor den Gründen des Worts, darauf sich Luther steif und fest
zu stemmen beharrte, nicht aufkommen: im Gegentheil mußten
ihm seine Widersacher dazu redlich dienen und helfen, das Licht
heller und sicherer zu sehen.

Beginn des
Ablaßstreites
1516 etc. Dies ist anno 1516 geschehen und eben um diese Zeit hat
sich weiter zugetragen, daß der Ablaßkränzler Johann Tetzel
(welchen Churfürst Friedrich zu Sachsen vom Sack zu Innsbruck
erbeten hatte, worein Kaiser Maximilian Ehebruchs rc. halber ihn
hatte stecken lassen) römischen Ablaß und Gnad auf etlicher Bischöfe Befehl, die ihre Mäntel von dem Ablaßgeld zu Rom lösen
wollten, in Deutschland um Geld verkaufet; legt seinen Kram
auch zu Jüterbok, vier Meilen von Wittenberg gelegen, aus,
redet als ein rechter Landbrenner und Beßäbler mit großem Ge-
pläß, nemlich, daß sein rothes Kreuz mit des Papsts Wappen
wäre gerad so kräftig als Jesu Christi Kreuz. Item, er wollte
im Himmel mit St. Peter nicht wechseln, denn er hätte mit seinem

Ablaß mehr Seelen erlöset, als Petrus mit seinem Evangelio.
Item des Ablasses Gnade wäre dieselbe, dadurch der Mensch mit
Gott versöhnet würde. Item, es wäre nicht noth, Reue, Leib
ober Buße für die Sünde zu haben, wenn Einer sein und des
Papsts Gnadenbrief kaufe, denn so bald der Pfennig im Kasten
klüng', die Seele aus dem Fegfeuer gen Himmel sprüng'. Solche
große Gnab und Gewalt wäre ihm zu Rom aufgetragen. Wenn
Einer sich auch an Marieen, der Mutter Gottes, vergriffen hätte,
könnte ers neben künftigen Sünden vergeben, wenn derselb in
Kasten leget, was sich gebühret. — Wie Tetzel also seinen Trug
und Spuck vermessentlich herausstreicht, liefen viele Leut auf diesen
Jahrmarkt und wollten Gnab lösen und ewigs Leben mit ihrem
Geld erkaufen. Allda fähet Dr. Luther an in seinem Kloster
seine Zuhörer zu warnen vor diesem Geldablaß, und lehret im
Anfang sein bescheidentlich, es wäre besser, armen Leuten ein
Almosen geben, nach Christi Befehl, denn solche ungewisse Gnade
um Geld kaufen. Wer Buße thu sein Leben lang und bekehre
sich zu Gott von ganzem Herzen, der bekomme die himmlische
Gnab und Vergebung aller Sünden, die uns der Herr Christus
durch Sein einig Opfer und Blut erworben, und ohne Geld aus
lauter Gnab anbiete und umsonst verkaufe, wie klar im Jesaja
geschrieben stehe. Daneben fähet er auch in seinem Kloster und
Universität, von diesen Fragen zu disputiren an und weil er ein
Doktor der heiligen Schrift war, gründet er allezeit sein Sach
auf der Propheten und Apostel Wort. — Wie Solches vor den
Ablaßkrämer kommet, der römisch Brief, Wachs und Blei an
gute Schreckenberger, Spitzgröschel und Goldgulden stach, fähet
Tetzel an zu fluchen, schelten und Dr. Luther für einen Erzketzer
zu verdammen. Also bringet dieser Ablaßführer mit seinen ver-
messenen Reden und greulichen Schandworten Dr. Luther in seinen
geistlichen Harnisch, daß er Davids Schleuder und das geistlich
Schwert, welches ist ein brünstiges Gebet und das lautere Wort
Gottes, zum Schutz nimmt und auf sein Doktoramt und Eid
Tetzel und seinen römischen Ablaß im Namen Gottes angreift
und lehret getrost, daß solcher Ablaß ein gefährlicher Betrug sei.

Alſo hebt ſich der Haber an, zwiſchen Dr. Luther und Tetzel, über dem päpſtlichen Ablaß, den zwar im Anfang Dr. Luther nicht eigentlich anfachete, ſondern ſuchete nur, daß man beſcheidener von dieſem Handel reden ſollte, damit der große Nam der päpſt= lichen Heiligkeit, darunter man ſolchen Ablaß auswog, nicht hierin geläſtert würde. Denn damals war es dem frommen Mönch noch um des römiſchen Hauptes Reputation und Hoheit zu thun, daß die erhalten würde.

**An Spalatin.** „Friede ſei mit Euch, ehrwürdiger Herr Magiſter! Es hat mein Bruder Johann Lange mich Namens Eurer gebeten, was ich von der Sache des unſchuldigen, hochgelehrten Johann Reuchlins wider ſeine cölniſchen Gegner halte, ob Gefahr des Glaubens oder Aergerniſſes dabey wäre? Nun wiſſet Ihr, mein lieber Magiſter, daß ich den Mann auch ſehr lieb und werth halte, mein Urtheil daher nicht unparteiiſch und frei ſeyn, ſondern verdächtig ſcheinen möchte. Doch ſag ich was ich denke: daß mir nemlich ſein Rath oder Bedenken ganz ungefährlich vorkommt. Ich wundere mich dagegen höchlich über die Cölner, welche Knoten und Räthſel dieſelben in einer ſo deutlichen Schrift ſuchen, während er ſo feierlich proteſtirt, als ob er Glaubensartikel angreifen wollte, vielmehr verſichert und betheuert, nur ſeiner Anſicht Ausdruck zu geben. Dies Beides bewahrt ihn bey mir vor jedem Verdachte des Unglaubens, wenn auch ſeine Schrift einen Ausbund von häretiſchen Meinungen enthalten würde. Denn wären ſolche Verſicherungen und Aeußerungen nicht mehr gefahrlos, müßte man befürchten, daß der artige Glaubensrichter und Ketzerrichter anfangen, Kameele zu ver= ſchlingen und Mücken zu ſeigen, ſowie jeden Orthodoxen, mag er ſich nachdrücklichſt betheuern, für einen Häretiker auszuſchreien. Was ſoll ich davon ſagen, daß die Herrn den Beelzebub austreiben wollen, aber nicht durch den Singer Gottes? Oft muß ich darüber ſeufzen. Ach, wir Chriſten haben angefangen, außerhalb Etters klug zu werden, aber innerhalb kleben wir an der Dummheit. In allen Gaſſen Jeruſalems wimmelts mit weit, weit ſchlimmern Gottesläſterungen und geiſtlichem Götzenwerk. Indeß wir nun ſolchen innern Feinden ſollten mit Macht zu Leibe gehen, ſie wegzujagen, ſehen wir von dieſen ab und wenden uns an Auswärtiges, das uns von Ferne nicht gleichermaßen angeht. So räths der Teufel, damit wir vom Eigenen abſehen und Fremdes nicht beſſern. Giebts denn um Alles einen tolleren Eifer? Fehlts denn dieſen unglücklichen Cölnern an wildem, gährendem Stoff innerhalb der Kirche, woran ihre Gelehrſamkeit und Frömmigkeit ſich tapfer ver= ſuchen könnte, daß es Noth wäre, nach Dingen, die ſo weit abliegen, zu ſchweifen und greifen? Aber was thu ich? Mein Herz iſt voller, als ich sagen kann. Jch komme zu dem Schluß: weil alle Propheten bezeugen, daß die Juden Gott und ihren König Christum läftern und verfluchen werden — wer das nicht zu lesen weiß, hat kein theologisches Auge —, können die Cölner die Schrift nicht auflöfen: also muß es gehen und die Schrift erfüllt werden. Und wenn fie verfuchen möchten, die Läfterung von den Juden auszutreiben, würden fie verfuchen, die Schrift Lügen zu ftrafen. Seid aber gewiß, daß Gott wahrhaftig bleiben wird, ob taufendmaltaufend Cölner dagegen fchwitzen und fpritzen. Das ift Gottes allein, der von innen her wirkt, und nicht der Menfchen, die von außen her operiren und mit ihrem Gethu mehr Spectakel anrichten, als Nutzen ausrichten. Wenn man den Juden ihre Bücher nimmt, wird man fie nur noch fchlimmer machen. Denn fie find nun einmal durch den Zorn Gottes verflockt und nach dem Prediger unverbefferlich, ja werden durch Gewaltmaßregeln ftatt bekehrt noch ärger. Gehabt Euch wohl im Herrn und behandelt meine Worte mit Schonung, betet aber für meine Seele, die arme Sünderin, zum Herrn. Aus unfrem Klofter heute (wohl zwifchen 1513 und 1514) gegeben. Dein Bruder M. L."

An Spalatin. „Jefus. Heil und Gruß. Bisher hielt ich, hoch- gelehrter Spalatin, den cölnifchen Poëtafter für einen Efel, jetzt feht ihr, daß er ein bellender Hund, gar ein reißender Wolf in Schafskleidern geworden, beffer noch nach Curem feineren Urtheil, ein Crocodil. Nach meiner Ueberzeugung hat er auf Grund von Reuchlins Darlegung feine Efelei — griechifch auf latein zu reden — felbft eingefehen und wollte dafür eines Löwen Majeftät annehmen, prallte jedoch durch einen Sprung, der über feine Kräfte hoch gieng, zum Wolf oder Krokodil zurück — eine mißglückte Metamorphofe. — Guter Gott, was foll ich fagen? Welches abfchreckende Exempel für alle Schriftfteller vom Neide, dem fchmählichften, dummften Ding, das immer fchaden will und nicht kann! Was für erbärmlich Zeug diefer Ortwin zufammenbraut, den unfchul- digen Reuchlin frech zu verdrehen und entftellen, womit er nur fich felber in traurigere Blindheit verrannt. Soll man wohl lachen oder weinen? Könnte doch mancher Seele fchaden. Gott gebe, komme der Handel bald zum Austrag, und lieber in Rom, wo doch gelehrte Car- dinäle find, als anderwärts, wo's der ABCfchützen mehr giebt, jedes Verftändniffes und Urtheils über einen Autor ganz unfähig, z. B. in Cöln. Laß uns für einander und für Reuchlin beten. Gehabt Euch wohl. Aus dem Klofter am Tage der heiligen Jungfrau 1514. Br. M. L. Aug."

An Conrad Mutianum, nach Entfchuldigung, warum er den Dom- herrn in Gotha nicht habe befuchen können etc.: „jetzt kann ich aber doch nicht weggehen, ohne, wiewohl fehr fchüchtern, Euch hochgelehrten Herrn zu grüßen, ich der bäurifche Coridon, der Berber, Martinus, der unter den Gänfen zu fchnaddern pflegt, Euch den gebildetften, weifeften

Humanisten etc. Seid mir gewogen. Aus dem Kloster in Gotha d. 29. Mai 1516. Br. M. L. vicarischer Dechant."

An Spalatin. „Jesus. Heil! Was mir an dem hochgelehrten Herrn Erasmo nicht gefällt, ist kurz dies, daß er in der Erklärung Pauli durch die Gerechtigkeit der Werke oder des Gesetzes oder durch die eigene Gerechtigkeit, wie sie der Apostel nennet, das Ceremonial und figürliche Gesetz verstehet etc., daß er auch überall den Augustin dem Hieronymo nachsetzet, welcher doch immer auf einen historischen Vorstand fället etc. Die Gerechtigkeit des Gesetzes ist nicht in den Ceremonien, sondern in den Werken der zehn Gebote zu setzen, welche, wenn sie nicht aus dem Glauben an Christum kommen, ob sie gleich bei den Menschen Sabricios, Regulos und rechtschaffene Leute machen, dennoch so wenig nach der Gerechtigkeit schmecken, als die Arlesbeere nach Seigen. Denn nicht, wie Aristoteles lehret, werden wir dadurch gerecht, wenn wir gerecht handeln, es sei denn auf gleißnerische Weise, sondern wir thun rechte Werke, wenn wir erst gerecht worden sind. Erst muß die Person geändert werden, hernach die Werke; erst gefällt Abel Gott, hernach sein Opfer etc. Derohalben bitte ich, Ihr wollet aus Freundschaft und christlicher Liebe dem Herrn Erasmo davon Nachricht geben. Möge sein Ansehen hoch steigen, ich hoffs und wünschs. Andererseits bin ich besorgt, es möchten sich dadurch Viele herausnehmen, den todten Verstand zu vertheidigen etc. Uebrigens könntet Ihr mich leicht verwegen halten, daß ich so große Herrn table, wofern Ihr nicht wüßtet, daß ichs um der Sache Gottes und des Heils der Brüder halber thun muß etc. In Eil aus dem Winkel meines Klosters 19. Oktbr. 1516. Bruder M. L. Aug."

An Lange: „Die Satyre gegen die Theologaster, welche Ihr mir zusendet, stammt offenbar aus einem unartigen Kopf und riecht nach demselben Topf, in dem die epistolae virorum obscurorum gekocht wurden."

An Spalatin. „Ich hatte mir vorgenommen, den Dialog Erasmi keinem Menschen mitzutheilen. Denn so lieblich, gewandt und sinnreich (will sagen durchaus Erasmisch) er verfaßt sei, daß es den Leser treibt und reizt, über die Mängel und Gebrechen der Kirche zu lachen, scherzen und spotten, allein ich meine, hierüber sollte von den Christen Gott unter Seufzen geklagt werden. Jedoch hier, weil dus ernstlich verlangst, hasts, lies es und schicks mir zurück! etc. 1517. Br. M. Eleuthorius, Aug., Wittenberg."

An Johann Lange. „Erasmum lese ich zwar, jedoch ich halte mit jedem Tag weniger auf ihn. Dies gefällt mir noch an ihm, daß er den Ordensbrüdern und Geistlichen tüchtig zu Leib rückt und ihre barbarische Unwissenheit aufdeckt. Nur fürchte ich, er möchte Christum und Seine Gnade nicht gehörig ausbreiten, auch zu wenig davon verftehen. Denn er hält mehr auf menfchliche Zeugniffe. Wiewohl ich ungerne von ihm urtheile, muß ich dich doch zur Vorficht warnen. Denn wir leben jetzt in gefährlichen Zeiten und ift nicht jeder, der ein guter Hebräer und Grieche, zugleich ein guter Chrift. Oeffentlich mag ich meine Meinung nicht äußern, damit es nicht fcheine, wie wenn ich feinen Seinden beiträte etc. Invocavit 1816. Br. M. L. Vic. bey d. Aug."

„Schon als ich über die 10 Gebote (damals ein ganz neues un= erhörtes Ding) vor zahlreichen Zuhörern predigte, brachte man eine Menge von ungefchickten und ungelehrten Einwürfen dagegen vor, denen ich aber keine Beachtung fchenkte, wie denn überhaupt nicht die Hälfte deffen, was meine Widerfacher gegen mich fchreiben, von mir gelefen zu werden pflegt."

Zur zweiten Ausgabe der Predigten über das Vaterunfer (1517 gehalten): „Weiß nicht, wie durch Gottes Gefchick ich ins Spiel komme, daß Etliche zur Freundfchaft, Andere zur Seindfchaft mein Wort fahen und treiben. Derohalben ich verurfacht bin, dies Paternofter wieder auszulaffen, mich weiter zu erklären und womöglich auch meinen Wider= parten einen Dienft zu erweifen."

Aus einer Weihnachtspredigt von 1515: „man macht mir meine Verkündigung des Einen Heilands Chriftus zu einer irrigen und fal= fchen Rede."

An Spalatin. „Wundert Euch nicht, wenn Ihr fagen höret, man habe mich zu Dresden (1517) zu Schanden gemacht. Sie freuen längft gegen mich aus, was ihnen beliebet. Wahr ifts, daß ich mich von Hieronymus Emfer nebft unfrem Johann Lange und dem Dresdner Prior zu einem Abendtränklein laden, beffer nöthigen, ließ. Vermeintlich unter Freunden, ward ich bald inne, daß es lauter böfe Laurer waren. Ein thomiftifches Magifterlein aus Leipzig, hocheingebildet, als wenns alle Weisheit gefreffen hätte, thät zuerft äufferft freundlich mit, fieng aber bald zu ftreiten und endlich zu fchreien an. Ich machte gegen das Männlein den Thomas tüchtig herunter. Das verdroß den Bruder Terminatius, der ohne mein Wiffen vor der Thüre ftand, fo grimmig, daß er, wie man mir hernach berichtete, beinahe hereingefprungen wäre, mich angefpieen und angepackt hätte. Das ift jener Edle, der nun überall ausfprengt, ich wäre fo furchtbar in die Enge getrieben worden, daß ich kein Wörtlein mehr hätte lallen können, weder lateinifch noch deutfch. Weil ich manchmal, wie's geht, auch deutfch mit unterlaufen ließ, hat er pofaunt, ich verftehe gar nicht lateinifch. Im Uebrigen handelten wir vom Gewäfch des Ariftoteles und Thomas. Ich zeigte, daß Thomas und feine Schüler gar nichts von Ariftoteles verftünden. Endlich bat ich meinen Gegner, den Prahl= hans, er möge mit aller thomiftifchen Gelehrfamkeit nur auch den Satz beschreiben, was es heiße, Gottes Gebote halten. Jetzt rief der läppische Kerl: gieb Pastum her (so heißt man das Schulgeld)! Nach dieser närrischen Antwort, von verlogener Unwissenheit eingegeben, entstand ein allgemeines Gelächter und gieng man auseinander. Hernach schrieb mir der Dresdner Prior, sie hätten mich überall, auch bei Hof, als einen Hohlkopf und eiteln Tropfen ausgeschrieen, auch meine Predigt, die ich am Hoflager gehalten, verdreht und verläftert. Ich hatte von gewissen drei Jungfrauen eine ganz theologische Historie beigebracht; nun sagten sie, daß ich aufs Fräulein bei Hof gespitzt hätte. Kurz, eine Schlangenbrut hat gegen mich gespritzt. Ich erwiderte, man solle meine Cains und Judas nur leben lassen. Emser kam neulich in Leipzig zu mir und entschuldigte sich. Jene Predigt am Tage St. Jakobi des Größern handelte vom Evangelium: Ihr wisset nicht, was ihr bittet. Hiebei strafte ich die thörichten Wünsche mancher Betenden und lehrte, was ein Christ erbitten soll etc. Wundert Euch nicht, daß übel von mir geredt wird. Ich hörs gern und fröhlich. Christus ist zu einem Salle Vieler gesetzt, nicht Heiden, sondern Ifraels Erwählten, Pfalm 77. 78, 31. Das sind Gottes Werke tödten und verstricken; nicht den Schaum oder die Geringen, wie der Prophet spricht, sondern die Häupter, Könige, Pharaonen erschüttern, daß Er Seine Kraft beweise.

An J. Lange. „Ich schicke, mein Vater, dieses Schreiben an D. Jodocus von Eisenach, voll Widerspruchs gegen die Logik, Phisosophie und Theologie, d. h. voll Verwünschungen und Verläfterungen des Aristoteles, des Porphyrius, der Scholastiker, des verdorbten Systems unsrer Gegenwart. So nemlich werdens die bezeichnen, welche den Beschluß gefaßt, nicht 5 Jahre lang wie die Pythagoräer, sondern unaufhörlich mit den Todten stumm zu sein, alles Mögliche zu glauben, immerdar nur zu horchen, unter keinen Umständen sich gegen Aristoteles und seine Lehren einen Verstoß, auch nur ein Mucksen zu gestatten. Man muß eben einfach hinnehmen und annehmen, was Aristoteles behauptet: wärs auch der größte Unsinn, wenns dieser Erzverläumder der Wahrheit auftischt, hat man zu schweigen, ob Esel und Steine dawider schreien. Stells dem trefflichen Manne zu, erkundige dich genau, was er davon hält, und laß michs wissen. Es verlangt mich brennenden Durstes, diesen Schauspieler, der unter griechischer Larve die Kirche so lange schon äfft, vor aller Welt auszuziehen und in seiner Blöße hinzustellen, wenn ich nur Zeit hätte. Seine Physik liegt vor mir: hätte der Verfasser kein Fleisch an sich gehabt, ich würde denselben den Teufel zu heißen keinen Anstand nehmen. Das gehört zu meinem größten Kreutz, mitansehen zu müssen, wie die besten Köpfe mit solchem elenden Zeug ihre beste Kraft und Zeit verprassen; die Universitäten ohn Ende die guten Bücher verdammen und verbrennen, die schlechten anbefehlen und anschwatzen. Möchte doch auch Ufingen, wie Jodocus, von dieser

Arbeit endlich abstehen. Meine Studirstube wimmelt von Material gegen ihre Ausgaben, deren Unwerth ich klar erkenne. Zu dieser Ein-sicht würden auch alle Andern gelangen, wenn sie nicht, wie ich gesagt habe, vom Gebot ewiger Stummheit gebannt wären. Wittenberg 8. Sebr. 1516. Sr. M. C. Aug."

An Joh. Lange. „Sagt mir doch, ich warte sehnsüchtig und ängstlich, was Ihr von meinen wunderlichen Sätzen haltet? Euren Herrn in Erfurt werden sie wohl mehr als verwunderlich vorkommen, vielleicht grundbös, in der That sind sie jedoch ganz rechtgläubig. Den ehrwür-digen Vätern der theologischen Facultät versichert gefälligst, ich wolle gern kommen, um öffentlich oder im Kloster darüber zu disputiren. Sie sollen ja nicht meinen, ich möchte solches nur in meinen Winkel hinein murmeln, darf anders Wittenberg so gering als ein Winkel tarirt werden. Wittenberg 4. Sept. 1517."

Aus den 99 Sätzen gegen die Theologie der Scholastiker und die Träume des Aristoteles.

„Augustin hat Recht, indem er den Menschen für einen so faul gewordenen Baum hält, daß derselbe nichts anderes mehr kann als Böses thun — gegen die Pelagianer."

„Es ist falsch, daß der Wille sich von Natur nach der gesunden Vernunft richten könne — gegen Scotus und Gabriel."

„Wir werden nicht gerecht, wenn wir Gutes thun, sondern wir thun Gutes, wenn wir gerecht worden sind — gegen die Philosophen."

Die ganze Sittenlehre des Aristoteles ist die ärgste Seindin der Gnade — gegen die Scholastiker."

Es ist ein Irrthum, daß Niemand ohne den Aristoteles ein Theologe werde, sondern das Umgekehrte gilt — gegen die gemeine Rede."

„Man erdichtet vergeblich eine Logica des Glaubens — gegen die neuen Dialektiker."

„Mit Einem Worte: der ganze Aristoteles ist, gegen die Schrift-theologie gehalten, wie Sinsterniß gegen das Licht — wider die Schullehrer."

„Gott kann einen Menschen nicht annehmen ohne die Gnade Gottes, die da gerecht macht — wider Occam."

„Alles Werk des Gesetzes ist von aussen scheinbar gut, aber von innen wirklich lauter Sünde — gegen die Moralisten."

„Das Gesetz und der Wille sind zwo Widersacher, die ohne die Gnade Gottes, die Mittlerin, gar niemalen eins werden — gegen die Schullehrer."

Schlußthese: „Mit allem sei nichts gesagt und ist nichts gesagt, was nicht mit der christlichen Kirche und ihren alten Lehrern überein-stimmt."

Erzählung
Luthers vom
Unfang des
Ablaßstreites

„Anno 1516 fieng ich gegen das Papstthum allererst zu schreiben an."

Aus der Schrift (1541) wider Hans Worst (Herzog Heinrich zu Braunschweig): „Es geschah im Jahre 1517, daß ein Predigermönch mit Namen Johannes Tetzel, ein großer Clamant, welchen Herzog Friedrich zuvor hatte vom Sack erlöset, denn Maximilian hatte ihn zu ersaufen geurtheilt in der Inn (kannst wohl denken, um seiner großen Tugend willen). Und Herzog Friedrich ließ ihn deß erinnern, da er uns Wittenberger also anfieng zu lästern: er bekannte es auch frei. Derselbige Tetzel führete nun den Ablaß umher und verkaufete Gnade um Geld, so theuer oder wohlfeil er aus allen Kräften vermochte. Zu der Zeit war ich Prediger allhier im Kloster und ein junger Doctor, frisch aus der Esse kommen, hitzig und lustig in der heiligen Schrift. Als nun viel Volks von Wittenberg lief, dem Ablaß nach gen Jüterbok und Zerbst etc., und ich — so wahr mich mein Herr Christus erlöset hat — nicht wußte, was der Ablaß wäre, wies denn kein Mensch nicht wußte; fieng ich säuberlich an zu predigen, man könnte wohl Besseres thun, das gewisser wäre weder Ablaß lösen. Solche Predigt hatte ich auch zuvor gethan hier auf dem Schlosse, wider den Ablaß, und bei Herzog Friedrich damit schlechte Gnade verdienet: denn er sein Stift auch sehr lieb hatte. Nun ließ ich Alles gehen wies gieng. Indeß kommt vor mich, wie der Tetzel hätte gepredigt ganz greuliche Artikel (s. oben Mathesius). Des Dings trieb er schandbar viel und war alles ums Geld zu thun. Ich wußte aber zu der Zeit nicht, wem dies Geld sollte. Da gieng ein Büchlein aus, gar herrlich unter des Bischofs zu Magdeburg Wappen, darin solcher Artikel etliche den Quästoren geboten wurden zu predigen. So kams heraus, daß Bischof Albrecht diesen Tetzel gedinget hatte, weil er ein großer Clament war. Bischof Albrecht war aber zum Bischof in Mainz erwählet worden mit solchem Pacte, daß er zu Rom das Pallium selbst sollt kaufen. Denn es waren in Mainz jüngstens drei Bischöfe kurz nacheinander gestorben, daß dem Bisthum vielleicht zu schwer war, schon wieder 26000 oder 30000 Gülden darzulegen. Denn so theuer kann der allerheiligste Vater zu Rom Slachsfaden, der sonst kaum 6 Pfennig werth ist, verkaufen. Der Bischof Albrecht erfand nun dies Sündlein und gedachte so das Pallium den Suggern, die das Geld vorgestreckt hatten, zu bezahlen, aus des gemeinen Manns Beutel, und sandte diesen großen Beuteldrescher in die Länder. Der drasch auch weidlich drauf, daß es mit Haufen begann, in die Kasten zu fallen, zu springen und klingen. Er vergaß aber sein selber daneben nicht. Es hatte zudem der Papst immerhin auch die Hand mit im Sode behalten: die Hälfte nemlich sollte dem Gebäu des St. Peterskirchen in Rom zufallen. Also giengen die Gesellen daran mit Freuden und großer Hoffnung, unter die Beutel zu schlagen und zu dreschen. Solches wußt ich aber, wie gesagt, jenesmal noch nicht. Da schrieb ich einen Brief nebst Propositionibus an den Bischof zu Magdeburg, vermahnete und bat, er möchte dem Tetzel Einhalt thun und solch unziemlich Ding zu predigen verbieten, daß kein Unlust daraus entstehe; das gebühre ihm als einem Erzbischof. Denselben Brief kann ich noch auflegen, aber mir ward kein Antwort. Deßgleichen schrieb ich auch dem Bischof zu Brandenburg, als Ordinario; an dem ich sehr einen gnädigen Bischof hatte. Darauf er mir antwortete, ich griffe der Kirche Gewalt an und würde mir selbst Mühe machen, er riethe mir, ich ließe davon. Kann wohl denken, daß alle Beide gedacht haben, der Papst würde mir, solchem elenden Bettler, viel zu mächtig sein. Weil denn alle Bischöfe und Doctores stumm blieben, und Niemand der Katze die Schellen anbinden wollte (denn die Ketzermeister, Prediger-ordens, hatten alle Welt mit dem Feuer in die Furcht gejagt und Tetzel selbst auch etliche Priester, so wider seine freche Predigt gemuckst hatten, eingetrieben), ließ ich meine Propositiones in die Welt ausgehen. Da wurde der Luther ein Doctor gerühmet, daß doch einmal Einer kommen wäre, der drein griffe. Der Ruhm war mir nicht lieb, denn, wie gesagt, ich wußte selbst noch nicht ganz, was der Ablaß wäre, und das Lied wollte meiner Stimme zu hoch werden. Das ist der erste rechte gründ-liche Anfang des Lutherschen Lärmens.

Aus den ersten Predigten Luthers gegen den Ablaß:

11. Trin. 1516: „Der Ablaß, als das Verdienst Christi und Seiner Heiligen, mit aller Ehrerbietung aufzunehmen, zu beklagen jedoch, daß ein schändliches Werkzeug des Geizes daraus geworden, bei dem nicht das Heil der Seelen, sondern das Geld in den Beuteln gesucht werde. Wenn die Seelen durch solchen Ablaß erlöst werden könnten, wäre der Papst grausam, wenn er das, was er zum Bau der Peterskirche geben kann, nicht umsonst gäbe etc."

Matthiä 1517: „Eine knechtische Gerechtigkeit wird auch durch die verschwenderische Austheilung des Ablasses gefördert, wobei nichts heraus kommt, als daß das Volk die Strafe der Sünden fürchten, fliehen lernt, nicht aber die Sünde selbst. Weßwegen wenig Frucht vom Ablaß zu spüren ist, wohl aber große Sicherheit und Frechheit im Sündigen, also, daß, wenn sie die Strafen der Sünden nicht fürchteten, würde Niemand den Ablaß umsonst haben wollen. Und doch sollte man das Volk vielmehr ermahnen, die Strafe zu lieben und das Kreuz auf sich zu nehmen. O daß ich löge, wenn ich sage, daß die Indulgentiae ganz mit Recht also heißen, weil indulgere so viel ist als permittere, und Indulgentia so viel heißt als Straflosigkeit, oder Erlaubniß zu sündigen und Frechheit, das Kreuz Christi zu verachten etc. O welche gefahrvolle Zeit, unsere Zeit; o die schlafenden Priester, o diese mehr als ägyptische Finsterniß! O welche Sicherheit mitten unter den schrecklichsten Uebeln!"

Melanchthon: Zur bamaligen Bewegung kam auch, daß die Jugend schon durch Erasmi Schriften geweckt worden, dem Studium der lateinischen und griechischen Sprache sich hinzugeben. Indem hieburch ein eblerer Geschmack im Bildungswesen auffam, fühlten gar biele freiere, feinere Köpfe sich von der barbarischen Unwissenheit und spitzfindigen Sophistik der Mönche mehr und mehr abgestoßen. Während Luther selbst in stätem Fortschreiten begriffen war, trug dazumalen der Dominicaner Tetzel, ein ausgeschämter Betrüger, den Ablaß in jenen Landen feil und warb von seinen gottlosen, schändlichen Predigten unser Doctor, den ein brennender Eifer für die Sache des Heils beseelte, zu flammendem Zorn hingerissen. Er trat gegen diesen Ablaß ernstlich auf.

Zu Reuchlin und Erasmus, den Humanisten. In der Jubenhetze, die von den Dominicanern in Cöln (Pfefferkorn, Hoogstraten, Ortwin 2c.) 1512 angezettelt und von der dasigen theologischen Facultät als Hauptvertreterin der katholischen Rechtgläubigkeit unterstützt wurde, hatte der edle, berühmte Gelehrte Reuchlin (Melanchthons Oheim) ein Gutachten zu geben und sprach sich gegen die bort beliebte Verbrennung der jüdischen Literatur entschieden aus. Infolge dessen verfiel er den Ketzerrichtern und brach eine Fehde los, die den deutschen Humanismus auf den Plan rief. 1515 erschienen die „Briefe der Dunkelmänner" (epistolae virorum obscurorum), worin die Verfolger Reuchlins, die Mönche, Pfaffen, Scholastiker 2c., in all ihrer intellectuellen Finsterniß und sittlichen Fäulniß bloßgestellt, verhöhnt, an den Pranger gestellt wurden — ein sehr wirksamer Schlag ins römische Lager. Luther wurde, nachdem die theologische Facultät in Erfurt gegen die von den Cölnern verdammte Schutzschrift Reuchlins gestimmt hatte, von Spalatin um ein Votum gebeten und äußerte sich aufs Entschiedenste zu Gunsten Reuchlins. Damit erklärte sich Luther jedoch nur in einem bestimmten Fall für einen bestimmten Humanisten, sowie seine Geneigtheit für einzelne Bestandtheile des Humanismus daraus mit wachsender Deutlichkeit hervorgeht. Allein von Anfang an widerstrebt er andererseits der Hingebung an diese moderne Richtung, welche mitberufen war, den Auflösungsproceß der alten, verrotteten Zustände zu befördern. Er schätzt ihren scientifischen Werth, mißtraut aber ihrem religiösen Gehalt, an dem ihm das Meiste gelegen. Daher sein Vorübergehen an Mutian, dem feinsinnigen, in Gotha — mit einem Compliment beim Gehen. Daher seine neben aller Anerkennung jetzt schon kühle, kritische, streitende Stimmung dem berühmtesten, verdientesten Haupte der Partei gegenüber, Erasmus, welche sich später zum vollen Zerwürfniß ausbildete. Bereits ahnt er dessen gemüthlose Gleichgiltigkeit für die höchsten, tiefsten Fragen des Heils, deßhalb auch Mißverständniß und Unverständniß auf diesem Gebiete. Vor Allem will er trotz allem ihm eigenen Humors über Schäden, unter denen die Kirche blutet, nicht mit jenen Satyrikern lachen und spotten. Und so beutlich er sich von gewissen Kräften des großen Schriftstellers angezogen fühlt, so klar er die Wichtigkeit eines Bundesgenossen von dieser Bedeutung (in Erasmus hatten sich alle Strahlen des Humanismus, als in einer Sonne, gesammelt; er grub auch nicht allein die Classiker des heidnischen Roms und Griechenlands aus dem Schutt hervor, sondern vermittelte wesentlich auch das Verständniß der biblischen Schriften mit seinen Uebersetzungen und Commentaren, gab 1516 das Neue Testament heraus, erklärte die Psalmen 2c. mit stäten Geisselungen des katholischen Lebens und Lehrens 2c.; war der einflußreichste, höchstangesehene Gelehrte contra Rom 2c.) fühlbar erkannt, verleugnet er, wenn auch noch schüchtern, jedes Hand in Hand mit ihm, äußert Bangigkeit vor seinem Wirken, heißt bei ihm anklopfen, für ihn beten, tritt, von der fehlenden Wahlverwandtschaft übermannt, seitwärts von ihm.

**Angriffe der Scholastiker.** Sowohl in seinen Predigten, als in seiner gelehrten Wirksamkeit entwickelte sich bei Luther — mit mehr oder weniger Bewußtsein, was unentscheidbar — so viel Gegensätzliches, daß man sich über das Erwachen der Befehdung von römischer Seite nicht verwundern darf. Mag ihn besonders auf der Kanzel seine tiefgesessene Pietät vor der Kirche mit ihrem Papst und ganzen Bau von zusammenhängenden Vorstößen gegen den factischen Katholicismus noch zurückgehalten haben, an seinen Predigten mußten je mehr und mehr gute Katholiken Anstoß nehmen, weil sie je mehr und mehr Christum trieben. Und auch abgesehen von dieser ihrer Grundrichtung traten in einzelnen Ausführungen offenbare Spitzen gegen das Römische System hervor. Es ist naiv, wenn der Aerger darob den mächtig heranreifenden Reformator befremdet und zu Klagen über Verdrehungen, Verläsierungen 2c. seiner Widersacher hinreißt; es ist unbillig, wenn man ihn jetzt noch so hinstellt, als ob sich nur gehässige Verleumdung und Verfolgung an ihm vergriffen hätten: Luther war im Grunde bereits ein voller Ketzer, den jeder ordentliche Zionswächter des Papstthums pflichtmäßig aufs Korn nehmen mußte. Liest man z. B. Luthers Predigt in Dresden (25. Juli 1517), so muß man dem verletzten, erbitterten Gefühl, das des Herzogs Georg als eingefleischten Katholiken sich bemächtigte, völlig Recht geben: „ich wollte viel Geld geben, wenn ich diese Predigt nicht gehört hätte, denn sie macht die Menschheit vermessen;" mögen wir uns des Eindrucks noch so sehr freuen, den dieselbe Predigt auf die Hofdame Barbara von Sala hervorbrachte: „Wenn ich noch einmal eine so herrliche Predigt vernehmen dürfte, wollte ich noch einmal so gerne sterben." — Deßgleichen hätten die gelehrten und ungelehrten Anhänger des römischen Systems auf den Kathedern, in den Schulen 2c., die Scholastiker, gar kein Herz für ihre Sache haben müssen, wenn sie der Widerspruch, den Luther mit wachsender Schärfe gegen diese Theologie und Philosophie laut erhob, nicht aufs Empfindlichste getroffen hätte. Sie waren zur Gegenwehr, bei der sie sich freilich schlechter Waffen bedienten, weil ihnen andere fehlten, herausgefordert. Hält man sich die Propositionen gegen die Scholastiker und Aristoteles, ihren Abgott, unbefangen vor, in deren Richtung sich Luthers Vorlesungen, öffentliche Disputationen 2c. in diesen Jahren (1516 und 1517) ergiengen, so war der Fehdehandschuh mit einer Entschiedenheit hingeworfen, welche leicht verstehen läßt, warum Luther den Eindruck von diesen „paradoxen" oder „kakadoxen", wenn auch nach seinem (evangelisch gewordenen) Gewissen „orthodoxen" Sätzen mit ängstlicher Spannung erwartete. Weit schwieriger läßt sich begreifen, wie beherzt es am Schlusse lautet, mit allem sei wissentlich und wollentlich gegen die alte Kirche nichts gesagt. Zweifellos war es aber auch hiemit Luthern voller Ernst, d. h. es war die ganze Tragweite seiner neuen Anschauungen in ihm noch nicht angebrochen und sein Fleisch klebte noch aufrichtig an Rom.

Zum Beginn des Ablaßstreites. Wenn Luther 1546 (letztes Lebensjahr) äusserte, daß er 1516 angefangen habe, gegen das Papstthum zu schreiben, so scheint er selbst später eingesehen zu haben, daß er dort bereits, wiewohl mitten in vermeintlicher Abhängigkeit von und Anhänglichkeit an Rom, in den Kampf gegen dasselbe eingetreten war; denn eine förmliche Streitschrift gegen das Papstthum gab er noch nicht heraus. Durch das Unwesen des Ablasses wurde dem gährenden Fasse der Zapfen ausgeschlagen: alles drängte zur Entscheidung hin. Luther stand gegürtet und erleuchtet zum heiligen Kriege gegen Rom, fertig zum Reformationswerk aus Gottes Gnaden.

*Der weise Kurfürst Friedrich thät manchmal den Bericht,*
*Daß ihn zur guten Sache erweckt ein Traumgesicht.*
*Ein Mönchlein sieht er schreiben gewaltig große Schrift,*
*Die gleich des Todes Pfeilen ins Herz des Papstes trifft.*

*„Sprich, Mönch, woher die Feder?" — Durchlaucht, s'ist hundert Jahr,*
*Daß eine Gans in Böhmen sie fallen ließ fürwahr:*
*Aus Gott stammt ihre Seele, der innre weiche Theil,*
*Gott sprach, ich soll sie heben zu aller Christen Heil.*

*Umsonst erwehrt sich Friedrich, der Traum kehrt stets zurück,*
*Und als er Morgens ernstlich bedenkt das nächt'ge Stück,*
*Eilt nach ihm her ein Bote: „Zu Wittenberg am Thor*
*Der Kirche liest die Menge sich Luthers Thesen vor."*

(Aus Franz von Sidingen, erzählendes Gedicht von P. Pressel, Leipzig 1861.)